娱乐时代的美军形象塑造系列译丛

后浪

War Play

Video Games and the Future of Armed Conflict

张力 李相影 主编

战争游戏

电子游戏与武装冲突的未来

Corey Mead

[美]科里·米德 著

刘四龙 译

民主与建设出版社

·北京·

献给劳拉、凯莱布及我的家人

好样子与好镜子

样子就是形象。按照传播学大师麦克卢汉的“媒体环境”理论，在全媒体时代，样子早已不是样子本身，而是样子留给大众的印象，是那个被各种媒介不断塑造的样子。

很久以来，军队职能的唯一性，决定了军队样子的单一性；样子的单一性，又制约着样子塑造的单调性。古今中外，概莫能外。进入后工业时代，战争与和平的界限越来越模糊，平时是战时的延续，平时就是战时。信息时代，网络战、舆论战、心理战、思想战等新的作战样式层出不穷，传统意义上的战争面貌已发生根本性改变。

未来学家阿尔文·托夫勒说，人类以什么样的方式生产，就以什么样的方式打仗。当人类社会进入信息化、网络化时代，纳米技术、量子通信、人工智能、无人驾驶等新概念、新技术的军事化应用，以及由此拓展的新的战场疆域和军事文化，不但刷新着人们对现代战争的认知，而且迅速改变着现代军队和现代军人的样子。

战场上，子弹、炮火可以对目标进行硬杀伤。然而，胜战之道，贵在夺志。赢得战争，未必赢得民心。民心才是最重要的政治因素，亦是战略性政治资源。处在信息化战争前沿的现代军人，如何同时打赢战场和舆论场这两场战争，是必须要面对和破解的胜战之问。简言之，新时代强军之道，除了要锻造“能打胜仗”的“好样子”，还必须铸造“塑造态势”的“好镜子”。

“9・11”事件后，美国为重塑全球形象，缓解在阿拉伯乃至伊斯兰世界的形象危机，启动了一场针对特定受众、采取特定方式的战略传播计划。实践近十年后，奥巴马总统正式向国会提交了一份《国家战略传播架构》报告。由此开始，“战略传播”成为美国实施全球文化软实力影响的代名词。报告开篇即强调：“在我们所有的努力中，有效的战略传播对于维护美国的全球合法性以及支持美国的政策目标至关重要。”

美国的战略传播概念，强调统筹协调使用美国国内外军、政、商、民等各界力量资源，针对既定目标受众，进行一体化设计、精准化传播、持续化影响。战略传播被定义为“精心设计的传播”。这标志着美国已经将国内外形象传播提升到国家战略高度。

对美军而言，在全球公众中塑造正义、强大、富有人情味的军队形象，是美军战略传播的重要目标。美军认为：一方面，通过展示美军的强大，可以对对手形成战略威慑；另一方面，通过展示美军的正义性和亲近性，可以获取目标受众对美军的心理认同。为此，美军专门设有公共事务部门负责军队形象塑造。

“精心设计的传播”离不开对受众心理的精细研究，离不开对大众传媒的精妙运用。长期以来，美国战争大片、美军战争游戏、美军视频节目等娱乐产品，以公众习以为常、喜闻乐见的方式，送达每一位目标受众的眼前。而且，因为这些产品实际上已完成市场化转换，最后以商品形式流通至全世界，目标受众最终以购买形式进行消费。每完成一次消费，也就意味着消费者（目标受众）心甘情愿地接受了一次价值观的洗礼。

美国的战略传播的手段，是要统筹协调使用全国力量资源，这里面自然就包括其金融科技、军工媒介、教育娱乐等国际领先行业。尤其借助好莱坞、互联网的全球市场优势，美军实施的“嵌入式”传播时常占据行业头部资源，而这一现象已有数十年历史。1986 年，一部海军招飞电影《壮志凌云》成为全球大卖商业片，实现了形象感召和市场票房双丰收。2002 年，一款美国陆军征兵游戏《美国陆军》上线，后来变成全球畅销至今的军事网游。美军不但用它征兵练兵，还用它宣传教育，并最终将其培育成一条庞大的产业链。

近年来，在美军的战略传播实践中，以游戏、影视、视频等为行业代表的军事与市场的双轮驱动，犹如鸟之两翼，共同托起了美军全球形象的有效传播，且逐渐发展成一种你中有我、我中有你，军民共赢、互相成就的“军事 - 娱乐复合体”。至此，“看不见的宣传”最终通过市场这只手，变成“看得见且喜闻乐见的宣传”，“精心设计的传播”最终通过商业逻辑，变成既产生 GDP 又催生战斗力的新业态。“好样子”与“好镜子”在这里完美结合。

他山之石，可以攻玉。首次引进出版的这套“娱乐时代的美军形象塑造系列译丛”，是对“军事 - 娱乐复合体”这一特殊现象的案例式介绍和分析。希望通过书中原汁原味的讲解，能引发国内相关部门和读者对美军这一现象的关注和研究。

张力

2020 年 7 月于北京

目　录

前　言　1

第一章　军队－娱乐业复合体的崛起　11

第二章　打造兵工厂式课堂：军队对美国教育的影响　37

第三章　“人人都得会思考”：后“9・11”时代美军向电子游戏的求助　55

第四章　爆款游戏:《美国陆军》　79

第五章　战争之外，皆是模拟　115

第六章　WILL 互动公司与军方的严肃游戏　129

第七章　后果：医学虚拟现实（MedVR）与创伤治疗　145

第八章　结论:《美国陆军》侵入校园　173

致　谢　191

前 言

6 月的一天，我参观了位于加利福尼亚州普拉亚维斯塔的一个仓库。这座砖混结构的仓库坐落在一条低矮建筑林立的街道尽头，外围是一组有玻璃隔墙的办公室。仓库主要房间的地面上，散落着沙袋、波纹钢、一堆堆仿砂石以及扭曲的螺纹钢。房间中，被称作“数字平板”的大型背投式显示器按整体构思分组摆放。这些显示器采用数字图像技术，可以显示特定环境和地理位置。仓库原本是个电视摄制棚，现为南加州大学和军方联合创立的创新技术研究所（简称 ICT）所有。创新技术研究所获得美国陆军数亿美元的资金资助，对外宣称其使命是“打造娱乐业、陆军与学术界三者之间的伙伴关系，共同设计能够让参与者有身临其境的模拟体验”。创新技术研究所执行主任兰德尔·希尔博士对我说：“你可以这样看待我们的使命，我们自己也是这样看待的。我们就是要在包括军队在内的各个行业中培育领导人才，变革学习方式。人们如何使用数字交互媒体以及各类媒体来辅助学习流程，才是我们真正关心的。”

创新技术研究所最早完成的项目之一《平面世界》，就放在我所在的仓库正厅里，这是个号称“能让用户与物质和虚拟世界完美互动的复合现实环境”。参与《平面世界》构思和设计的人员，有电子游戏设计者、特效艺术家、研究科学家，还有国防部人员。他们共同努力，希望发明一款像《星际迷航》中虚拟外星球环境的“太空平台”那样的陆军版模拟现实设备。军方创造这种完全浸入式的环境，目的是为士兵营造最能接近野外实弹演习的训练环境。

在我从《平面世界》的模拟场景中通过时，向导贾勒尔·佩尔领着我穿过一道房门进入一间小屋子，面前是一个大型数字屏幕。投射到屏幕（也就是“平板”）上的，是计算机动画模拟的一条空空荡荡的城市街道。街道两侧分列着低矮的灰色居民楼，一座有两个宣礼塔的白色清真寺以及电话线和棕榈树。房间地板上铺着一块中东地毯，一个墙角里堆着水泥块和破家具。断裂的天花板在头顶上晃荡着。佩尔让我戴上一副偏光 3D 眼镜，然后按了小平板控制器上面的几个按钮。突然间，在我右侧敞开着的木门外，出现了一个计算机生成的真人大小的美国陆军军官，高声喊叫着告诉我敌人正在逼近。与此同时，一架计算机动画模拟的直升机轰鸣着出现在头顶，开始朝街道上扫射，沿街涌出的暴乱分子和美军士兵开枪对射。刚才美军军官站立的门口，突然冒出一名叛乱分子，举起机枪朝着我的方向开火，于是，我左侧墙面的虚拟石膏粉尘被“打”得到处飞扬。粉尘落下后，墙面上露出坑坑洼洼的表面，这些是刚刚子弹击中过的地方。房间地面开始晃动，直升机隆隆声越来越大，街道上枪声不绝于耳，这一切都让人心烦意乱。一个小男孩跑到街上去，大声喊叫："美国！在这儿呢！"佩尔按下另一个按钮，街道尽头拐角处，一辆坦克转过弯径直向我开来。坦克不断逼近，周遭声音嘈杂，地面隆隆震动，坦克炮管又对准着我的脸，这一切让我真的紧张起来。坦克越开越近，紧张感也不断加剧。眼看坦克就要轧到我的时候，佩尔按下另外几组按钮，房间回归到初始状态：坦克、暴乱分子、美国士兵、直升机通通不见了，嘈杂的噪音和地面的震动也都消失，屏幕上现在只剩下空空荡荡的城市街道景象。

在俄克拉荷马州的锡尔堡，《平面世界》目前被用作"联合火力与效果训练系统"。《平面世界》具有虚拟性、浸入式的特点，充分显示出了美军在士兵训练与教育方法上的重大变化。虽然野外实弹演习和训练手册依然重要，但是电子游戏[①]和数字模拟已经日益成为训练的补充，甚至是替代。人们使用电子游戏和数字模拟，传授从战场行动到文化交流、从语言技能到武器操作在内的各类知识。现在，美军每一位成员都或多或少接触过某种形式的虚拟学习，尽管在具体内容上可能会有所不同。在如今的战争中，面对时刻都在变化着的暴乱分子，军队要想保护自己进而占据上风，必须不断改变战略战术，快速调整训练场景。而印刷版训练手册，最快也要 6 个月才能更新一次，无法跟上这种快节奏的变化。电子游戏恰恰相反，用户几乎可以实时设定场景，这就意味着前线士兵每天都可以把敌方最新战术输入到游戏之中。这样，即便是在美国本土，他们也能确保自己的训练紧跟形势发展。一名海军陆战队军官对我说："在军事游戏中，事件都

① 出于简化的考虑，本书中作者使用"电子游戏"指代各类交互式电子和虚拟应用。——编者注

是‘按照战争的速度’发展变化的。电子游戏在军队中的使用也超出了战场的范围，现在，电子游戏还被用于治疗患有创伤后应激障碍（post-traumatic stress disorder，简称 PTSD）的士兵，帮助退伍士兵重新融入社会。”

军队之所以希望使用游戏技术，部分原因在于，他们认识到传统的教学方式和士兵的训练方式已经不合时宜。标准化和功能主义、长期不变的军队教学范式，并不总能解决美国现在所面临的新的混合战争问题。现实情况是，士兵自身已经成为某种形式的信息技术。与以往的冲突相比，现在他们要承担的任务范围更广，作出的决定更多，开展基于系统的交互活动也更频繁。第二次世界大战期间，军方开始强调对人员的选拔与分类，强调训练中“人的因素”，这种做法延续至今。[①] 在当时，军事心理学家认为，军队的根本单位是“人机系统”，而不只是机器本身，这个观点得到众多军事领导的支持。[1] 此后数年间，对该观点的关注日益加剧。如今，在测试士兵技能时，人们主要考察的就是他们对未来要使用的技术系统的掌握能力。

在很大程度上，军队求助于游戏是希望从中获得某些场景。置身其中，士兵可以承担全新的、意料之外的任务，体验执行多个任务时心理和身体所承受的各种负面效果。以士兵承担的非传统任务数量不断上升为例，士兵们现在要利用电子游戏学习文化、谈判等技能，这是因为，在“9·11”之后的战争中，士兵必须处理与部落长老之间的纠纷，应对建设警察部队面临的复杂局面。在过去的战争中，如果出现民事问题，政府会把这些问题

① “人的因素”主要是指，要想有效运行复杂的技术系统，不仅取决于机器，同样取决于操作系统的人。——编者注

交给其他部门负责，但是现在，这些任务越来越多地交由国防部处理。这也是军方如此依赖游戏的原因之一：游戏帮助他们堵住了漏洞，解决了此前军方在教学中一直忽视的问题。

当然，大肆宣传电子游戏的，远不止军队一家。现在，电子游戏充斥于整个流行文化，遍及年轻人的日常生活。每年电子游戏收益超过电影和音乐收益的总和。虽然人们一直批评电子游戏对儿童有害，但是眼下，甚至全国主流的教育家和管理者都开始追随军方脚步，把游戏看作有革命性潜力的教学工具。哈佛大学荣誉教授爱德华·O. 威尔逊宣称“游戏是学习的未来”[2]，这种说法引发了轰动。与此同时，奥巴马总统把创造优秀教学软件视作“美国创新面临的巨大挑战”。（为应对这一挑战，奥巴马政府成立了高级教育研究计划局，该局主要目标是创造一款“能与最优秀的电子游戏相媲美”的教育软件。）多年以来，“严肃游戏”运动蓬勃发展，持续推动学校和职场把电子游戏用作教学工具。

正如我们接下来会看到的，如果说游戏是学习的未来，那么军方已经生活在这样的“未来”。与此同时，在军方漫长的学习创新史中，电子游戏的使用只是其中最新的一个内容。过去一个世纪中，军方对塑造美国教育的概貌给予了不少帮助，虽然很少有人认识到这一点。比如：大众标准化测试、计算机辅助教学、成人教育、功能教学法，这些要么是由军方发起，要么得到了军方的完善。远的不说，像标准化、效能和功能等军事训练范式，在学校和职场都随处可见。如果这种历史模式仍然适用，我们可以预测：军方对电子游戏的使用，将对公共机构产生深远影响，不但会影响到教学方法，也会影响到需要传授的技能内容本身。然而，虽然虚拟和游戏教学代表了美国教育领域可能发生的翻天覆地的变化，但军方在这次潜在的转型中发挥的作用却几乎完全不为公众和媒体所知。

与其他组织不同，电子游戏在军队中是广泛的全机构运用。虽然诸如商业机构、学校、医疗单位、政府部门的诸多机构都把游戏运用于教学，但实质性融入电子游戏之中的，军队是第一家。为完成各种各样的目标，军队各个层级都在使用电子游戏。此外，作为一种文化现象，虽然一直以来电子游戏受商业利益的影响最大[3]，但军队是第一家使用电子游戏直接支持国家目标的机构，而其中最严肃的目标是：运用武力保卫国家利益。

本书的主题是关于军队在技术和教学创新方面的漫长历史。我们今天再看对电子游戏的使用，情形已经发生了变化，军队不再是领导角色，而是跟随在娱乐业后面。与此同时，保守古板的军队，在教学上却展示出比公立学校更大的灵活性和开放性。因此，国防部或许落后于娱乐业，但绝对领先教育界。但是，即便是这一点，媒体和公众也丝毫没有注意。

有讽刺意味的是，游戏技术最初因军事需求而创造，并在军方支持的项目和实验室中得到发展。过去几十年来，在出资支持电子游戏相关技术研发方面，军队一直是领头者，而游戏公司则一直是快乐的受益者。正是军方资助的大量研究和基础设施，包括先进的计算机系统、计算机图像技术和互联网等，为整个游戏产业打下了赖以生存的技术基础。[4]

因为军费削减，以及体积更小、价格更低、性能更强大的计算机实现商业化，到 20 世纪 90 年代末，军方与娱乐业之间的技术平衡发生永久性转移。现如今，电子游戏界的技术水平已经遥遥领先于军方，后者也已经开始从商业游戏公司采购游戏技术。

军方与游戏公司结成了伙伴关系：军方从游戏公司那里获得游戏技术的使用权；游戏制造商则从军方得到资金，并偶尔获得军方的官方认可。正是由于这种交流关系的存在，有学者把军方与电子游戏界之间的伙伴关系称为“军队－娱乐业复合体”[5]。

虽然陆军是军中电子游戏的最大用户，但其他军种其实也同样依赖电子游戏技术以及使用更为广泛的建模和模拟技术。根据国防情报局的统计，目前为军方开发的“虚拟世界”高达300多种，并且这个数字可能还会继续增长。[6]国防部在2012年预算中，至少拨款2.24亿美元专门用于建模和模拟。[7]弗罗斯特与沙利文研究所预测：到2015年，国防部在建模和模拟上的开支将达241亿美元。[8]

有这样两个问题，我们一直无法找到确切答案：各军种人员在训练中能接触到多少种游戏和模拟？虚拟训练占全部训练的比例又是多少？之所以无人知道确切答案，原因很简单，军方缺少一个指导虚拟训练的全面要求体系。训练要采用多少模拟的方式，完全由连长决定，军方根本无法确切记录。因此，受访对象给出的唯一确切回答是：每名军人在训练的某个阶段，都会接触到基于游戏的学习（二手文献也支持这个观点）。

军方使用电子游戏，在军队内外都产生了重大影响。对军队来说，综合结果就是培训范式可能发生的变化。防务专家彼得·辛格指出：“基于游戏的训练方式，可以根据具体场景和个人学习速度专门订制，也可以根据学习的快慢情况，决定进行加速还是减速。”[9]除此之外，采用虚拟训练还可以节省数百万美元的开支。鉴于国防预算不断缩减，这一点更为重要。

总体上看，军队使用游戏的趋势将加速发展。在借力基于游戏的学习方面，虽然陆军一直遥遥领先于其他军种，但是再过几年，这种优势可能也将不复存在。我之前说过，虽然国防部越来越依赖电子游戏，但在具体使用上，现在仍尚未出台整体政策或一套标准。国防部仍然需要回答很多至关重要的问题，比如：从国防部的角度看，应该怎样定位基于游戏的学习方式？如何有效地平衡虚拟训练与实地训练之间的比例？

由于 PTSD 等问题，找出上述问题的答案，显得更为紧迫。比如，运用电子游戏治疗 PTSD，其实也暴露出了军队面临的更为严重的一个问题，即急剧上升的精神健康和自杀率问题。[①] 这个问题应该在全国范围大讨论，而不是仅限于五角大楼内部。让人忧虑的是，直至现在，公共讨论也未触及这个话题。

担忧不止于此。防务专家约翰·阿尔奎拉指出，时至今日，网络战一直被视作一种几乎完全虚拟的现象，在这一领域，与虚拟现实相关的问题尤为模糊。军事思想家们警告：网络战将日益侵入现实世界。按阿尔奎拉的说法，美国和以色列针对伊朗核计划使用“震网”（Stuxnet）和“火焰”（Flame）电脑蠕虫病毒，显示了“数字 0 和 1 如何对物理现象造成实际影响”。

过去几年间，我一直在调研“军事－娱乐复合体”的历史渊源以及现在的运行方式。其间，我在全国各地采访了支持军方把电子游戏当作学习工具的领导者们，参观了开发军事游戏并将之付诸实践的场所，和数十位军方、地方以及学术界的专家做了交

① 或许对退伍军人 PTSD 护理不满的真正原因是，退伍军人管理局在处理和批准索赔方面存在着巨大问题。例如，本书中介绍过一名患有 PTSD 的士兵。为得到救济金，他和退伍军人管理局整整斗争了两年，最后在给奥巴马总统写了一封申诉信后，他才拿到救济。其他患有 PTSD 的受访退伍军人，也谈到了同样情况——要想走完退伍军人管理局的官僚程序，需要经历的各种麻烦，多得让人难以置信。 —编者注

流。本书记载的正是我在旅行和研究之中的所学。寻找军事电子游戏技术细节的读者，在本书中将找不到这方面的内容；寻找对商业第一人称射击类游戏如《使命召唤》系列游戏详细分析的读者，也不会找到他们想要的（内容）。但是，所有关注当前以及未来的战争和教育的读者都会发现，接下来的文字所描绘的，正是关于这两方面的内容，而现在，这两方面其实都在发生着巨大而又有着深远影响的变化。

注 释

1. At the time, military psychologists: Driskell and Olmstead, “Psychology and the Military.”
2. “Games are the future of learning”：Quoted in Singer, “Meet the Sims.”
3. Li, “The Potential of America’s Armythe Video Game.”
4. Prensky, Digital Game-Based Learning.
5. The phrase “military-entertainment complex” comes from Bruce Sterling and is used by, among others, Timothy Lenoir and McKenzie Wark.
6. Defense Intelligence Agency, “Informational Brief.”
7. U.S. Department of Defense, FY2012 Defense Budget, A4, A11–12.
8. National Training and Simulation Association, “Training 2015.”
9. Singer, “Meet the Sims.”

第一章

军队－娱乐业复合体的崛起

美国军方与电子游戏的渊源由来已久。过去一个世纪，美国军方一直是美国新技术研发的首要赞助方。在防务部门资助下直接促成或是因此得到重大改进的技术案例不胜枚举，比如电子计算机、核能、高速集成电路、第一版互联网、半导体、雷达、声呐、喷气发动机、便携电话、微波炉、全球定位系统等。在《从孙子到XBox游戏机》一书中，埃德·霍尔特写道："塑造我们文化的各种技术，一直以来都是受战争推动发展而来的。"[1]

以计算机为例。计算机是过去几十年间最重要的技术创新。确切地讲，正是二战期间军方推动的技术进步以及军方在战略和战术的需求，直接导致了计算机的出现。尽管是私人企业最终发明了我们现在眼中的计算机，但是，在过去数年甚至数十年间，正是军方提供的大量研发经费以及赢得战争的迫切需求，推动了这项技术的发展。[2]直到20世纪60年代，军方一直都是计算机技术进步的关键影响因素。

20 世纪初，火炮的重要性日益凸显，弹道计算成为战术必需。第一次世界大战前及第一次世界大战期间，弹道数据制表工作主要靠手工完成。随着现代武器数量的日益增加、类型的不断增多，弹道数据计算越来越复杂，即便如此，靠手工绘制的局面依然没有改变，负责这项工作的技能熟练的数学人员渐渐被称作“计算员”。到第二次世界大战的时候，飞机和武器系统快速发展，需要更加快速的计算手段。为满足这一需求，军方资助制造了电子数值积分计算机（Electronic Numerical Integrator and Computer，简称 ENIAC）。人们普遍把这个计算机看作世界上第一台电子计算机。1945 年秋，电子数值积分计算机建成。虽然此时战争已近尾声，但该计算机与军方的联系依然紧密，它的第一项任务就是为引爆氢弹提供计算服务。[3]

在之后的 20 年间，军方发起的技术创新活动持续高速发展，绝大多数计算机和电子研发项目都得到了国防部及其下属机构的资金支持。二战结束后的数年间，国防部成立了大量资金资助机构，时至今日，这些机构仍在继续支持新技术的研发，比如影响力巨大的高级研究计划局（Advanced Research Projects Agency，简称 ARPA），也就是现在的国防高级研究计划局（Defense Advanced Research Projects Agency，简称 DARPA）。此外，还成立了陆军科学研究办公室（即现在的陆军研究实验室）以及海军研究办公室。按照历史学家保罗·爱德华兹的说法，在 20 世纪五六十年代，军队一直是“初始概念和原型机器的试验场”[4]。

在上述国防部管理机构崛起的同时，国防承包部门也日渐壮大。其中有只关注军事合同的小企业，也有业务更为多元的大型公司，如 IBM、雷神（Raytheon）、通用电器（GE）。这些大公司把军事补贴和商业销售结合在一起，奠定了成功的基础。20世纪60年代起，私人电子部门也经历了前所未有的增长，不得不向自身的研发工作倾注资金。不过，尽管私人部门采取了自筹资金的做法，军方资金仍然是激励新技术创新的首要力量。

美国军方之所以对计算机抱有浓厚兴趣并给予资助，有诸多原因。其中最重要的原因是，美国的官僚机构变得十分庞大，对信息加工的需求越来越多。冷战开启后，人们认为，美国能否保持在全球至高无上的地位，取决于能否保持一支强大的军事力量。想要这样一支军事力量发挥有效作用，必须有大规模的数字运算能力。由于计算机的出现，这一流程大大加速，军队官僚体制进一步得到发展，也变得越来越复杂。

军队官僚体制的需要促进了计算机的发展。除此之外，对计算机化的渴望也反映了更宽层面的意识形态的转变。20世纪40年代末至50年代，用貌似客观的统计学和数学工具处理重大社会问题，是当时流行的做法，计算机成为一个可用工具。实际上，在过去很多年间，研发计算机就是为了满足这个功能。[5] 20世纪60年代初，私人计算机产业不断发展，不过即便如此，军方以及整个国防工业仍然是计算机相关技术的主要买家和赞助方。

在这个时期，军方计算机相关支持经费的另一主要接收方是学术界。[6]美国国防部及ARPA资助了多所知名院校的计算机研究工作，比如哈佛大学、约翰·霍普金斯大学、斯坦福大学和加州大学洛杉矶分校。其中，最引人瞩目的当属麻省理工学院及其研究的人工智能项目。麻省理工学院人工智能项目是这个领域开天辟地的项目，大部分计算机相关研究经费由军方提供。斯蒂芬·克兰、尼克·戴尔－维特福德和格雷格·德·佩特在《数字娱乐》一书中，对电子游戏产业做了精辟的分析。根据学术界和军方之间的这种关系，他们指出："军队－工业部门－学术界复合体搭建了一个三角形的基础，正是在这个基础上，信息时代即将起步。"[7]

《太空战争！》及其后

军队与电子游戏的历史渊源，远不止于军方对计算机技术发展的资助。从 20 世纪 60 年代到 90 年代初的几十年间，在出资支持、赞助以及发明电子游戏使用的具体技术方面，军方一直起着带头作用。如果没有 DARPA 这样的军方机构的慷慨资助，商业游戏产业所依赖的技术基础将不会存在。先进的计算系统、计算机图形、互联网、多人联网系统、虚拟环境中的 3D 导航等，所有这些技术都是由国防部出资研发的。[8]

虚拟军事训练最早可追溯到 20 世纪 20 年代末。当时，管风琴和自动钢琴制造商之子埃德温·林克研发出第一台飞行模拟器。这台模拟器用木头制成，靠管风琴风箱驱动。但是，最早的电子游戏是在应对核战争以及太空探索的过程中出现的。第一款电子游戏可以说是个仿制的军事模拟装置，事实上这款游戏的名称就是《太空战争！》。1962 年，23 岁的史蒂夫·罗素和同伴们一起开发了这款游戏。[9]当时，他们同在一个虚构的欣厄姆研究院太空战研究小组中，而实际上他们就是五角大楼在麻省理工学院资助的一群趣味相投的工程专业研究生。科幻小说让罗素和朋友们痴迷，地下室实验室新采购的某样装备同样深深吸引了他们。这就是一台第一代程序数据处理机（Programmed Data Processor-1，简称“PDP-1”），最早的一批微型计算机之一。在罗素眼中，这台机器“体积有三个冰箱那么大”，带着一个“老式的计算机控制台”以及“一堆交换器和灯管”[10]。

制造商把这台计算机运到麻省理工学院，指望着电子工程系能让它派上些新颖而有趣的用场。但他们可能万万没有想到，学生们会用它来制作世界上第一款电子游戏。有一阵儿，这台计算机被闲置在工程实验室角落里。不过，罗素一直“手指头痒痒的”，想碰碰这台新机器。于是，他和朋友们开始讨论用这台新的迷你计算机干点啥。罗素说：“当时太空话题非常热门。卫星已经上天，人们正讨论着怎样把人类送上月球。我们当时就说，哎呀，太空多有趣啊，可人们不知道在太空中如何运动。于是我就编写了一个演示程序，人们通过电脑的交换器，可以控制程序中的两艘太空飞船。”[11]

绰号“军医”的爱德华·史密斯创作的科幻小说“太空歌剧”《摄影师》，是罗素编写《太空战争！》程序的主要思想源泉。[12]《摄影师》原本是发表在杂志上的系列故事，改编成小说后一炮走红。罗素和麻省理工的伙伴们都是这部小说的超级粉丝。他介绍说：“小说的细节非常出色，情节跌宕起伏。（在史密斯笔下）主人公们经常被坏人满银河系地追杀。被追杀时，他们不得不想办法逃脱。《太空战争！》要讲的就是这些事。小说中，有一些非常炽热的文字，比如描写太空飞船相互遭遇或太空机动舰队的情景。”下面一段文字引自《摄影师》系列中的一部。从描述上看，使用“炽热”这个词显然是非常到位的。

> 只见能量束、能量棒和能量矛闪耀着火焰，一道道光束四下劈砍切刺着。防护网闪烁着红光，间或迸发出刺眼的白炽。绯红的防护罩，迟缓地挣扎抵抗着酱紫色的毁灭之幕。弹药和鱼雷被全力发射出去，却在太空中爆炸，什么也没击中，或是不痛不痒地消失在坚不可摧的多环防护网前。[13]

罗素觉得，如果“挑选一个大家都不熟悉的世界”（也就是太空）的话，那么“我们就可以随意改变其中的众多参数，这样就可以制作出一款优秀的游戏，并安装到电脑上运行”[14]。游戏时，两个玩家操纵开关和手柄，一边在星球引力场中驾驶飞船，一边朝对方发射导弹。就像在真实世界中一样，飞船的燃料和导弹数量都是有限的。同时，为了增加游戏的难度，玩家在射击时，还要避免撞到星球。在躲避来袭导弹的紧要关头，玩家还可以把飞船发射进入超空间。不过，再次返回游戏时，飞船会随机出现在不同地点，而且每一次重返游戏，飞船爆炸概率都会上升。单就图像设计而言，《太空战争！》游戏比较原始：那些飞船不过是示波器屏幕深蓝色背景中的一个个小绿点。另外，游戏最初的星图也不准确。罗素的一个伙伴对此很不满意，最终根据真实的星象图改写了游戏的脚本。

《太空战争！》的原创性在于 PDP-1 独特的接口。PDP-1 与外部联系的接口是一个键盘和一个回转监视器。克兰、戴尔 - 维特福德和德 · 佩特写道，这款游戏“最重大的创新”[15]在于两点：“导航采用接口控制，屏幕成为玩家的图像输入器。”三位作者指出，导航和显示这两大特点是“数字交互娱乐的基础，也是后来的硬件和软件设计师们通过一代代游戏开发，不断努力提升和完善的至关重要的‘核心设计’”。罗素曾经考虑过把这个游戏商业化的可能性，以便从中获利。不过，深思熟虑一个星期后，他觉得不会有人愿意为这个游戏花钱。所以，他和朋友们没有把游戏商业化，而是把源代码送给任何需要的人。

在全美各大高校的研究机构中，计算机程序员的群体日益扩大，《太空战争！》在他们当中很快流行起来。不到一年，这款游戏已经非常火爆，以至于斯坦福大学计算机研究系不得不出台一项政策，要求“工作时间不得玩《太空战争！》”[16]。到 20 世纪 60 年代中期，全美国几乎每一台研究计算机上，不论是学术界、工业界的还是军方的，都安装了这款游戏。[17]

罗素和他在麻省理工学院的伙伴们，是被称作“黑客”的新兴计算机高手小团体的狂热成员。他们以试验计算机的编程能力为乐。这些年轻的白人小伙子是一群书呆子，也是反主流文化的酷男。快速崛起的军工复合体为这些“黑客”提供资助，用他们的研究来支持这场冷战。1957 年苏联发射人造卫星造成了巨大冲击，导致美国大幅增加科技经费投入，其中大部分经费通过国防部高级研究计划局拨出。核动员、弹道学、导弹学、太空防御，这些都是五角大楼和政策制定者们关注的内容。[18] 在这种新形势下，像罗素和他朋友这样的黑客，实际上处于一个很不稳定的境地。他们从军方获得资金，同时也领受很多指示，但黑客的精神气质讲求自由，讲求有趣的探索。所以，越战及其后的水门事件，残酷地摧毁了他们的幻想。

但是，要说黑客活泼的精神与军方的指令有冲突，也有失公允。事实上，当时计算机的应用范围比较有限。为扭转这一局面，像麻省理工学院计算机工程实验室这样的地方是鼓励各种尝试和奇思妙想的。直到20世纪60年代早期，人们一直简单地把计算机当作一个复杂的计算工具和建模机器。罗素和其他年轻的黑客提出一个激进的观点，认为计算机不仅可以作为计算的工具，也可以当作娱乐的工具。《太空战争！》让人感到兴奋的原因，不在于它的技术，而在于它让人们对计算机有了一种全新的认知，也就是说，计算机可以成为快乐的源泉。没过几年，这种对娱乐性的强调，俨然成为日益庞大的电子游戏产业的核心。即便如此，但正如埃德·霍尔所说，发明电子游戏也许“并不是出于军事目的”，但是“产生电子游戏的智力环境，绝对是因国防研究才得以存在的”[19]。

军方对计算机作战模拟产生明确兴趣的时间可追溯到20世纪70年代末，当时陆军战争学院在参谋军官培训课程中，引入一款名为《机甲战争》的棋盘游戏。[20]不过，在这个时期，军方更为司空见惯的做法是开发用于军事训练的高端计算机模拟器，而不是开发计算机游戏。20世纪80年代，军方、娱乐界和学术界开始联手建造“分布式交互模拟器”（DIS），应用分布式软件或硬件来制造虚拟的战争场景，参加人员在其中可以实时互动。这些模拟器采用了最先进的计算机图形技术和虚拟现实技术，大大提升了合成环境能带给人的身临其境的效果。在之后的十年，随着“分布式交互模拟器”持续发展，内容质量不断提升，叙述手法更加引人注目，这些模拟器越来越接近基本的商业化电子游戏。

20世纪80年代，军方对现今流行的这类电子游戏开始产生兴趣，当时雅达利公司（Atari）发布了开创性的电子游戏《战争地带》。与此前流行的2D街机游戏《小行星》和《暴风雨》相比，《战争地带》开启了3D的世界。除此之外，游戏玩家还可以从第一人称视角观察行动，就好像他们自己是坦克的炮手，正通过潜望镜观察外面的战场环境。[21]游戏中，他们看到的战场环境是荒凉的月球，远处是山脉和正在喷发的火山。第一人称游戏视角的采用，奠定了《战争地带》作为风靡当下的第一人称射击类游戏的鼻祖地位。

《战争地带》取得成功之后不久，陆军训练与条令司令部（TRADOC）请雅达利公司帮助开发一个改进的游戏版本，作为当时刚出现的布莱德利步战车的训练设备。陆军训练与条令司令部当时的司令唐·斯塔里上将早已认识到，同依赖于印刷品和讲座的传统培训方法相比，士兵们一定会更喜欢这种使用电子设备的训练方法。1981年，在一次训练与条令司令部指挥官会议上，斯塔里讲道："（现在的士兵已经）学会了要在不同的世界中学习。这个世界里有电视机、电子玩具和电子游戏，有计算机，还有很多很多其他的电子设备。他们是属于电视机和技术的一代人。……（所以）如果新的、更好的方法已经存在多年，但是士兵们却还是坐在教室里，还是在听着讲座，依赖着书本和其他纸质阅读材料，这样子好吗？"[22]然而，虽然最终制作出了《陆军版战争地带》（也被称作《布莱德利训练器》），但这款游戏一直未能用来训练任何一位真实的士兵。

DARPA建造SIMNET（模拟器网络），标志着军方数字化工作迈出了重大一步。SIMNET是一个用于战斗模拟的实时分布式网络化计划。20世纪80年代以前，模拟器一直都是单一的系统，关注的只是坦克驾驶或是在航母上起降飞机等具体任务。这些系统单个造价要数千万美元，常常比士兵操作的真实系统还要贵上一倍。[23] 为改变这种成本高昂且不实用的做法，1982 年，DARPA 选调了空军上尉杰克 · A. 索普协助工作。索普此前多年一直在宣传他的观点：模拟器不一定要在物理上完全复制需要展示的整个交通工具，只要能用模拟器提升操作训练效果就好。以飞机为例，根本没有必要用模拟器教会飞行员驾驶飞机的全部知识，只需用模拟器教他在平时飞行中无法学到的内容。索普问道，为什么不首先确定需要哪些训练功能，然后再根据所需来决定模拟器硬件呢？

索普首次接触模拟器是在 1976 年，当时他正在亚利桑那州威廉斯空军基地担任飞行训练高级研究员。那时的飞行模拟器是个三层楼高的机械装置，飞行员在里面就像树叶一样四处摇晃。索普的任务是改进飞行模拟器的现状，他希望改变这些机器的功能，把单个飞行员的训练机打造成团队技能的培训器。他说："团队配合是最复杂的战斗操作。如果团队配合出了问题，那么代价通常都是最高的。但是，由于组织团队训练困难重重、花费巨大，飞行员在集体技能方面得到的训练微乎其微。他们只能在走上工作岗位后，在战斗中才能学到这些技能。这导致的结果是，在最初几次任务中的伤亡率非常高。"[24]

为扭转这种局面，索普设想着搭建一个网络，把数十个甚至数百个单人模拟器连在一起，彼此互动。他觉得，采用模拟器的训练设备只用于训练单个军人，是一种浪费，而他设想的网络能让所有成员和小队获得集体训练的体验。

20 世纪 80 年代初开始在 DARPA 任职后，周围条件似乎已经成熟，索普终于可以将网络化的想法付诸实践。当时，互联网的前身——阿帕网（ARPANET）早已火爆军事领域，也激发了人们对网络科学的极大兴趣。索普认识到，要想搭建他设想的网络系统，经费上不现实。为了实现理想，他把目光转向价格更实惠的非国防部技术，比如计算机游戏和电子游戏技术。索普聘用了军事承包商博尔特、贝拉尼克与纽曼公司（Bolt Beranek and Newman Inc.），请其开发 SIMNET 所需的网络和系统软件。正是因为索普提出的这一原创性设想，后来《连线》杂志才断言："发明赛博网络空间的不是威廉·吉布森，而是空军上尉杰克·索普。"[25]

1990 年 1 月，首批 SIMNET 装置终于准备完毕。[26] 美国陆军最先行动，采购了数百套装置，用作陆军近距离战术训练系统。其训练价值在一年后的第一次海湾战争中展露无遗。海湾战争最重要的一次作战——"东 73 区战斗"期间，美国第 2 装甲骑兵团在短短不到 2 个小时内，一举摧毁数十辆伊拉克战斗车辆，击伤击毙伊拉克士兵 600 余名。该团成功的原因在于战前依靠 SIMNET 进行了大量训练，因此军方决定把"东 73 区战斗"作为未来网络化训练的模型之一。军方这样做，目的是为士兵们提供比模拟器更丰满的战斗体验，就像战术层的训练一样，突出压力感和恐惧感，突出战争中的情感因素。为实现这一目的，SIMNET 团队采集了大量关于"东 73 区战斗"的数据。他们对 150 名参战人员进行了深入的访谈，收集了战斗的无线电和磁带录音，交火时从空中拍摄的照片和行动日志，甚至还请该团士兵一步步还原了真实战场。这项工作指出了未来军事训练的方向：在用数字化手段再现战争体验时，需要构建一个交互的浸入式、复杂且多变的情景。因为海湾战争的成功，模拟训练受到广泛赞誉。海湾战争之后，与国防高级研究计划局模拟器网络相关的研发活动得到了大发展。

1993 年，轰动一时的第一人称梦幻射击游戏《毁灭战士》（*Doom*）正式发布，开启了军方电子游戏历史上的第二段重大里程。科学史学家蒂莫西·勒努瓦和亨利·罗伍德认为，仅凭《毁灭战士》这一个游戏，个人计算机游戏的方方面面就几乎都被改变了，包括“图形和网络技术……游戏风格、作者权的概念，以及公众对游戏内容的监督”[27]。（该款游戏开创了一种新的游戏模式，即“死亡竞赛”。与这款游戏诸多其他创新一样，“死亡竞赛”模式已经成为现在许多第一人称射击类游戏的标配。）《毁灭战士》一经发布，就在玩家中引起轰动，不久销售量就高达数百万份之多。

几乎与此同时，海军陆战队建模与仿真办公室（Marine Corps Modeling and Simulation Office，简称 MCMSO）在年度将官研讨会上领受一项任务，开始寻找对训练可能有用的商业电子游戏。[28] 因为预算远远少于其他军种，海军陆战队传统上一直努力寻求成本低、效果好的训练方案。这一时期的海军陆战队司令查尔斯·克鲁拉克上将认为，在向海军陆战队队员传授最重要的决策技巧方面，计算机战争游戏大有潜力可为。

建模与仿真办公室的两个中尉——斯科特·巴内特和丹·斯奈德，立即着手梳理数十款与军事相关的电子游戏，想找找看是否有适合训练用的类型。两人编制了一个个人电脑战争游戏的在线目录，把他们对众多游戏的详细评估情况发布在目录上。他们一直想找一款快动作的第一人称射击类游戏，而且至关重要的是，这样的游戏允许用户自行设定。在检测的众多游戏中，只有《毁灭战士》（其实是第一版的续集，即《毁灭战士 2》）刚好符合要求。作为一个营销策略,《毁灭战士》开发商“id软件”公司已经把游戏的部分内容作为共享软件推出，鼓励玩家自行修改。

1995年，经过整个春天和夏天的努力，斯奈德把《毁灭战士》从一款野蛮的外太空梦幻游戏，改造成军事上一个火力小组的模拟器。游戏中，原来的火星地形换成了暗褐色的地表，上面修建着弹痕斑驳的混凝土掩体；外星球的恶魔也变成了从美国军事动作电影里借鉴过来的敌人。生产成本是多少呢？只要49.95美元，也就是购买一张《毁灭战士2》游戏版本的价格。

改造的这款游戏被称作《海军陆战队版毁灭战士》，其目的不是教会海军陆战队队员如何射击，而是要训练他们学会团队协作，学会在瞬息万变的激战期间作出决策。斯奈德解释说：“要找新点子的话，真正交火的时候并不是好时机。”改造这款游戏还有另外一个同样重要的考虑。巴内特指出：“现在加入海军陆战队的孩子们，是伴随着电视机、电子游戏和计算机长大的。所以我们一直在想，该怎么样来教育他们，怎样做他们工作，才能让他们主动学习呢？”巴内特和斯奈德的估计是正确的，虽然这款游戏的命运和《陆军版战争地带》一样，从未用到训练上，但是他们的创作还是在海军陆战队队员中受到热烈欢迎。按照巴内特的说法，即便是在基地游戏实验室关门后，海军陆战队队员们还是会央求着希望能获准进去。[29]

创作《海军陆战队版毁灭战士》的时候，五角大楼已经开始接受把计算机模拟应用于诸多活动之中。按照学者沙伦·贾马里－大不里士的归纳，这些活动包括“部分训练任务、任务预演、作战计划、战略与战术分析，研发期间的武器系统建模、测试评估和采购，以及远期的未来研究”[30]。之所以如此强调模拟的重要性，是因为冷战结束后军队规模不断削减。苏联解体后，国会认为美国面临的地缘政治威胁大幅下降，因此军队经费被削减到相应规模。而模拟技术成本相对低廉，正好符合军方预算紧缩的新状况。

此外，1994年《联邦采购简化法案》也需要军方改变采购政策。国防部不能再像以往那样在资助国防承包商研发计划和采购技术时无须考虑资金限制，现在他们不得不依赖商业部门开发的现有技术，也就是人们现在所说的“商业即用技术”。比如，军队承包商开发的SIMNET虽然也采用了一些商业技术，但这是数百名员工耗时十年才建造完成的，耗资更是高达1.4亿美元。与之相比，《海军陆战队版毁灭战士》完全采用商业技术，8个人仅用6个月时间就完成了，耗资仅2.5万美元。[31]现在，军队承包商们迫不得已也采取了企业式的灵活管理模式。事实上，他们已经变成了商业公司。这种情况对防务部门产生深远的直接影响，导致众多知名公司要么被兼并，要么倒闭。

为了维持生计，这些国防承包商不得不寻找防务部门之外的客户，推销他们的高科技产品。不过，即便是在这个看似危机的时刻，这些国防承包商们也很快扭亏为盈，因为此时另一个产业部门正在渴求他们的产品，这就是娱乐产业。国防承包商和娱乐产业由此建立了一种共生关系：国防承包商把开发出的技术转给商业游戏产业，商业游戏产业反过来又把他们的技术转给国防承包商。艾森豪威尔提出了经典的“军工复合体”模式。仿照这个说法，网络朋克作家布鲁斯·斯特林把国防承包商和娱乐产业之间的双赢关系称作“军队－娱乐业复合体”。军队和电子游戏产业联系的最大特点是，在技术、人员和资金方面，两者交流源源不断。

20 世纪 90 年代，由于军队预算削减，军方对预备役部队更加依赖，由此也导致分布式交互模拟训练系统使用更为普遍。使用这些训练系统，预备役人员可以不受驻扎地点的限制，随时随地参加大规模演习机动。冷战刚结束的那几年，为进一步削减开支，军方不再强调单一军种任务，转而强调多军种联合行动。军方先后发布的两份军事条令《联合设想 2010》（1996）和《联合设想 2020》（2000），都强调了多军种联合。[32] 为开发联合所需的新模拟平台，军方要求陆军、海军、空军以及海军陆战队努力消除军种对立的传统。在 4 个军种的共同努力下，联合模拟系统（Joint Simulation System）最终诞生。这是个单一的一体化虚拟战场（用技术术语来说的话，就是一个任务预演与指挥模拟环境）。不论身处何地，来自 4 个军种的人员都可以使用这个系统。

军方求助模拟技术还有另外一个原因：越来越多的现代高技术战争都是通过电子和数字接口进行的，而这些接口与电子游戏十分相似。由于战争中大量使用电子中介，战争初期，甚至专业的军事人员都感到了混乱。人们经常提到的一个趣事与“内观行动”（Operation Internal Look）军事演习有关。那是 1990 年 7 月准备第一次海湾战争期间美国军方进行的一次演习。诺曼·施瓦茨科普夫将军在自传中写道：“（内观）演习正在进行之中，伊拉克地面和空中力量在现实中的移动情况与在演习中想象的情景完全一样，让人惊叹不已……随着演习开始，信息中心把现实中有关中东的例行情报简报提供给参演部队。这些简报中涉及伊拉克的信息，与演习的简报内容十分相似，以至于信息中心最后不得不在所有虚构报告的上面，都加盖了一个醒目的免责声明：‘仅限演习使用’。”[33]

建立娱乐业与防务部门的联系

20世纪90年代，以米老鼠为标志的迪士尼公司引领着军队－电子游戏业关系的发展。90年代中期，在陆军高级科学顾问机构，即陆军科学委员会的一次会议上，四星上将保罗·克恩见到了娱乐业的未来学家——态度友善、性格豪爽、络腮红须的布赖恩·费伦。沃尔特·迪士尼公司在加州格伦代尔市设立了一个名为沃尔特·迪士尼幻想工程的设计研发分支机构，费伦正是这家创新技术机构的颇有影响力的负责人。（自1952年成立以来，沃尔特·迪士尼幻想工程在特效、交互娱乐、光纤、机器人学和薄膜工艺等领域取得了数十项创新。）

那天，费伦穿了件鞣皮的探险家夹克衫，满脸胡子拉碴的。看到他，克恩上将的第一印象是："这个古怪的自由主义者跑到我们委员会来干吗？"不过，听完费伦的发言，克恩就改变了看法。他觉得费伦的想法很有启发性、很有挑战性，把长期萦绕在他心中的对军事模拟技术停滞不前的众多模糊困惑，都具体地讲了出来。费伦介绍了沃尔特·迪士尼幻想工程开发尖端虚拟现实技术的情况。听完介绍，克恩突然意识到，在高技术领域，娱乐产业已经远远超越军队，并且，同样重要的是，前者在成本控制方面也远远优于军队。

面对在场的陆军高官，费伦坦率地指出，他和娱乐产业的同行们都认为军方提供的建模和模拟技术"要价过高，设计蹩脚"。不仅软件"糟糕透顶"，硬件也是"死板笨重"。为了刺激这些陆军高官思考，费伦提出一系列问题，比如："我们能为每个图形处理器分配多少图像内存？"听众们的反应都是大眼瞪小眼。有人问道："图像内存？那是啥？"

克恩学的专业是机械工程。在过去 20 多年的工作中，他积累了大量与计算和模拟相关的经验，其中包括 SIMNET 计划。在克恩看来，费伦有很多宝贵的信息和建议。于是两人开始定期会面，有时在费伦的沃尔特·迪士尼幻想工程总部，有时在克恩位于五角大楼的办公室。两人交流多为技术层面的话题，涉及内容广泛。不过，费伦主要想向克恩传递一个信息："你得到现场。"如果军方想参与好莱坞在新兴技术方面的研发，而这些研发又与硅谷相连，那么军方就必须在硅谷设立一个机构。

和费伦的会面给克恩留下了深刻的印象。随后，他指示下属仿照迪士尼打造军队。克恩问下属们，过去数十年一直是军队引领着技术的发展，为何现如今却无力与娱乐产业相抗衡？

事实上，提出这个问题的，不只是克恩。1996 年，加州蒙特雷海军研究生院教授迈克尔·齐达主持了国家研究委员会的一项研究任务，任务名称是"建模与模拟：搭建娱乐界与防务部门的联系"。齐达的研究报告认为，军方与游戏界一向联系紧密，但即便如此，两者之间仍有很大的相互促进的潜力。所以，当克恩将军派下属尽快找到一个合适人员，把娱乐业的技术知识与军事训练需求两者更好地融合在一起时，齐达自然就成了头号人选。

齐达拥有一个十分有趣的双重身份：他既是南加州一名悠闲的冲浪运动员，也是硅谷每天喝咖啡成瘾的企业家。他的口头禅是"太棒了""绝对地"，虽然每天会说上很多次，但每次说到这两个词时，他都总是激情四射、精力充沛。他身形紧凑，肌肉强壮，胡须灰白，同样灰白的头发日渐稀疏。他是负责搭建军队与娱乐界伙伴关系的主要人员之一。虽然军队与娱乐界的这种联系并不是什么新鲜事——比如二战期间好莱坞已经拍摄了数不清的宣传影片——但是，从 20 世纪 90 年代中期起，两者之间的合作开始迈向一个前所未有的水平。在这个过程中，迈克尔·齐达发挥了开创性的作用，这是其他任何个人都无法比拟的。

齐达对计算机的兴趣可以追溯到他大学本科时期。1973 年还是加州大学圣迭戈分校数学专业大一新生的时候，他在物理化学教授肯特·威尔逊的实验室找了份工作。面试过程很短，威尔逊教授只问了齐达是否愿意学习三项技能：计算机绘图、编程以及写经费申请报告。

威尔逊实验室的环境鼓励天马行空的思考和创新，这也是当时高科技领域的标志。实验室里与齐达一起共事的还有 17 名本科生，他们一起从事计算机、激光和化学品的实验。在他们当中，有两位后来成为计算机发展史上的传奇人物，他们就是巴德·特里布尔和比尔·阿特金森。阿特金森后来成为了苹果电脑公司的第 11 位雇员，设计了 MacPaint、QuickDraw、HyperCard 等绘图软件；特里布尔后来则领导了最早的苹果个人电脑（Macintosh）软件开发团队，并且帮助设计了苹果电脑的 Mac OS 操作系统和用户界面。

正是在威尔逊实验室工作的这段“改变人生”的经历，促使齐达决定去马萨诸塞大学阿默斯特分校攻读硕士学位，师从模拟仿真界的大佬级人物维克托·莱塞。在华盛顿大学圣路易斯分校获得博士学位后，齐达开始找工作。对刚刚毕业的计算机博士而言，那时的人才市场正当其时。

齐达毕业的时候，美国各地高校正在纷纷着手创建计算机科学专业。但是由于缺乏拥有相关经验的毕业生，学校无法找到合格的教职人员。所以，齐达甚至还没发出求职申请，就被加州蒙特雷海军研究生院录用了。

1984 年 2 月，齐达到海军研究生院报到，负责实时图形学。此前一年，陆军刚刚启动 SIMNET 项目，军方对视觉模拟器的需求正日益增大。当时，每台视觉模拟器的成本在 1000 万至 3000 万美元之间。1998 年，陆军布置给齐达一项任务，请他建造一个光纤制导导弹的视觉模拟系统。光纤制导导弹就是早期的无人机，导弹前端安装一个摄像机，尾部连接一根 30 千米长的光纤电缆。一名士兵盯着显示屏，通过操纵杆引导导弹飞向预定目标。齐达和学生们没有采用国防承包商们开发的技术，而是自己设计了一套可以在价值 6 万美元的硅谷图形公司的机器上运行的模拟系统。仅用短短 6 个星期，他们就完成了设计。他们把这个模拟系统交给附近的亨特·利格特堡陆军人员后，很快就收到了反馈。他们告诉齐达："我们这就给你开一张 10 万美元的支票。从今天开始，我们就想启用这个系统。"

随后，齐达和他的学生们又为放置光纤制导导弹的运输工具建造了一个模拟器。接下来，他们要把这两个模拟系统联网。幸运的是，1987 年齐达曾在东京做过一次为期 3 个星期的咨询旅行，在这期间他学会了架构网络。当时他就开发了一段代码，可以把无限的计算机工作站连接在一起。现在，齐达和学生们正是用这个软件建造了一个网络化的虚拟环境，并将其命名为海军研究生院（NPS）移动式平台模拟器。不久后，齐达接到美国陆军地形工程中心一个名叫乔治·卢克斯的人打来的电话。

卢克斯对齐达说："我刚读了你写的关于移动式平台模拟器的文章，听起来很像是 SIMNET。我到蒙特雷和你聊聊，如何？"

由于 DARPA 从来没有公开过任何介绍 SIMNET 的信息，因此齐达对此未有耳闻。“SIMNET 是什么？”他有些迷惑地问。

卢克斯寄给齐达一篇介绍 SIMNET 的文章，随后前往海军研究生院观看移动平台演示。看完演示，卢克斯把齐达叫到一边，告诉他这个系统是多么让人震撼，随即便提出了一个合作意向。

卢克斯说：“你看，陆军刚刚从国防承包商那里接手 SIMNET，但是军队里现在还没有人知道该怎么读写网络数据包，也没有人知道怎么读取承包商们设计的地形数据库。你愿意来做这项工作吗？”

这种挑战正是齐达和他制图学课的学生们最乐意接受的。拿着卢克斯提供的资金，齐达和学生们开始自学读取 SIMNET 数据包和数据库的方法。他们为此开发的源代码最终建成了海军研究生院网，该网络把当地以太网（Ethernet）和硅谷图形公司工作站连接在一起。实际上，海军研究生院网就是与 SIMNET 连接在一起的模拟器，这样军官既可以参与到士兵的虚拟训练中，也可以在一旁进行观察。

齐达和学生们的工作很快受到众多国防部官员的关注。无一例外，他们都对把虚拟技术用于训练的前景产生浓厚的兴趣。1995 年，齐达获邀参加美国国家研究委员会的一项研究课题。课题名称是“虚拟现实：科学与技术挑战”，任务是针对政府应该投资哪些种类的虚拟现实技术提出建议。虽然在小组中齐达只是一个级别相对较低的成员，但是最终报告内容的三分之一都是由他撰写的。

由于齐达做的这些工作，次年他又接到国家研究委员会的电话。委员会刚从五角大楼国防研究与工程主任安尼塔·琼斯那里获得一笔研究经费。琼斯的职责是监管国防部的科学和技术项目、研究实验室以及 DARPA。这次，她为国家研究委员会提供经费，希望委员会能够就国防工业与娱乐业之间的可能合作领域召开一次会议，并起草一份报告。于是，委员会来电询问齐达是否愿意主持这个组委会。

安尼塔·琼斯之所以对这个议题感兴趣，缘于她此前在弗吉尼亚大学担任计算机科学系主任的任职经历。当时，她曾聘用计算机科学教授兰迪·保施。1998 年，保施教授的著作《最后一课》在他去世后不久得以出版，引发全国轰动。在弗吉尼亚大学任教期间，保施教授利用七年一次的学术休假机会，前往位于奥兰多市的沃尔特·迪士尼幻想工程公司，从事与“迪士尼探索世界”（DisneyQuest）室内互动式主题公园相关的工作。这个主题公园中有很多采用虚拟现实技术的游乐项目。保施对工作成果十分满意，于是邀请此时已经在五角大楼上班的琼斯到奥兰多看看。在主题公园参观时，琼斯突然意识到：为了建造大型的模拟器，她一直在向五角大楼的各个机构支付巨额经费，而迪士尼已有的模拟器质量更高，价格更低。正是因为认识到这一点，琼斯决定出资支持齐达举办国家研究委员会的会议和进行相关研究。

1996 年 10 月，会议在加州欧文举行，前后共两天。参加会议的是两类风格迥异的群体。一类是军方的代表，来自美军 4 个军种、国防高级研究计划局、国防建模与模拟办公室以及国防部长办公室。另一类则是来自派拉蒙影业（Paramount）、迪士尼、皮克斯公司（Pixar）和工业光魔公司（Industrial Light and Magic）等娱乐公司的人员。和琼斯一样，齐达也希望技术进步并不仅仅发生于军方，也能够发生于娱乐产业和数字技术领域。

他觉得，两个领域技术进步的具体内容虽然有所区别，但在一个关键点上两者是重合的，这就是模拟。

这次会议上，军方代表介绍说，对虚拟环境进行实体建模时屡遭失败。他们说，症结是他们经常纠结在物理问题上，而且虚拟环境也很难升级。娱乐产业一方的人员给出了一个简单的建议。他们说，你们需要做的只是给人们提供一种爆炸发生的假象，并不一定要有真正的物理反应。在娱乐业人士看来，军方所做的只是在努力解决一组原本可以置之不理的问题。对军方人士来说，这个提醒无疑是醍醐灌顶，让他们顿时醒悟。娱乐业人士建议，与其用国防承包商设计的那些游戏，为什么不采用那些真正懂得设计游戏的人设计的游戏呢？

在最终报告《建模与模拟：搭建娱乐界与防务界的联系》中，齐达领导的小组断言："如果娱乐业和国防部能够共享研究成果，协调研究议程，并在必要时开展合作研究，那么双方都可以更高效、更有效地打造建模与模拟所需的技术基础。建模和模拟技术的发展有利于提升国家安全和经济表现。"[34] 此外，报告还宣称，在这个合作中，学术界的参与不可或缺。报告认为，娱乐业与国防部需要紧密合作，共同出资支持开发和加强对建模、模拟以及虚拟现实的学术研究，而这些都是维护国家安全所需的。

并不是每个人都对"搭建娱乐界与防务界的联系"的想法感兴趣。安尼塔·琼斯一直是通过国防建模和模拟办公室（简称DMSO）下拨相关研究经费。当时，国防建模和模拟办公室正在努力推动建造一个名为"高层体系架构"的新的基础设施项目，力图在整个国防部范围内实现虚拟环境和模拟器联网。国家研究委员会会议上，有发言指出高层体系架构存在的几个局限，但是国防建模和模拟办公室坚称，齐达的报告对这个体系架构给予了高度评价，认为它代表了网络游戏的未来。因此，当齐达否认这一说法后，国防建模和模拟办公室怒不可遏。报告发布后，齐达询问国防建模和模拟办公室主任吉姆·霍伦巴克对报告的看法。霍伦巴克直言不讳地说："我们恨死你的报告了。你的所有报告都被扔进垃圾桶了。"

一个梦想的结束（和开端）

齐达不得不又等待了两年，军方才准备采纳报告的提议。1999 年 1 月，齐达接到陆军首席科学家迈克·安德鲁斯和海军研究生院博士毕业的迈克尔·马其顿打来的电话。马其顿此时已经是五角大楼模拟与训练办公室的首席技术官。当年克恩将军下令要让陆军更像迪士尼的时候，安德鲁斯和马其顿正是接受该任务的下属。两人告诉齐达，他们准备在南加州大学、加州大学洛杉矶分校或伯克利分校成立一个新的研究所，希望齐达帮助起草一份运营和研究计划。新机构将被命名为创新技术研究所。通过这个研究所，军队可以直接使用娱乐业和学术界开发的游戏和虚拟环境技术，国防部还将提供 1 亿美元的启动资金。两人觉得，齐达的《建模与模拟：搭建娱乐界与防务界的联系》报告完美地描绘了这个项目的进度表。

对齐达来说，这个电话的时机再好不过了。在海军研究生院度过大半职业生涯后，此时的齐达正在寻找新出路。他花了一个月的时间，在此前的研究报告基础上，为创新技术研究所起草了一份研究日程和运作计划。然后他飞到南加州大学见了电影系和工程系的主任，以及信息科学研究所所长。1999 年 3 月，齐达前往五角大楼面见安德鲁斯和马其顿。看了齐达准备的材料，两人十分兴奋："这真是太棒了！要不你再去南加州大学，多花些时间认识认识人？我们打算在那儿建研究所了。"

接下来，齐达花了 3 个月的时间筹建创新技术研究所。但是事情突然发生了变化。6 月份起，安德鲁斯和马其顿两人突然不再回复邮件给齐达，也不再打电话联系他。很快齐达就弄清楚了原因。原来，最初许诺由他担任的创新技术研究所所长职位，已经给了派拉蒙影业前电视业务主管理查德·林德海姆，他是《星际迷航》的资深幕后，也是南加州大学系主任伊丽莎白·戴利的密友。齐达曾经在 1997 年几乎一年的时间里，给林德海姆做技术顾问，帮他出主意设计《星际迷航：航海家号》中的故事驱动引擎（StoryDrive Engine）。

由于得不到自己向往的工作，齐达决定在海军研究生院创建一个和创新技术研究所类似的研究机构。这次，他仍是以《建模与模拟：搭建娱乐界与防务界的联系》报告内容为模板，成立建模、虚拟环境与模拟研究所（简称 MOVES），招募了一批志在建模和模拟研究的研究人员和研究生。研究所把计算机游戏作为重点。这些安排，让齐达在自己创建的研究机构里拥有了独一无二的地位，足以和他此前创立的另一个研究所一决高下。

最终，在推动军方使用计算机游戏进行训练、招募新兵以及精神治疗方面，创新技术研究所与 MOVES 研究所都发挥了至关重要的作用。在接下来的几章中，我们将介绍 21 世纪的军队 - 娱乐业复合体在这两家研究所（以及陆军模拟和游戏办公室）的基础上，是如何不断发展壮大的。时至今日，这些机构，特别是创新技术研究所，依然发挥着重要影响，帮助延续着军队技术创新的传统。

不过，军队－娱乐业复合体生长的土壤不只是技术和电子游戏。军队无处不在的教育创新传统同样重要，虽然这一点很少被人提及。在接下来的章节中，我们就会看到，和军队对技术的重视一样，军队的创新传统也源远流长，让人惊叹不已。

注 释

1. Halter, *From Sun Tzu to Xbox*, 187.
2. Edwards, *Closed World*,43.
3. Halter, *From Sun Tzu to Xbox*, 89.
4. Edwards, *Closed World*, 43.
5. Halter, *From Sun Tzu to Xbox*, 90.
6. Kline, Dyer-Witheford, and De Peuter, *Digital Play*,85.
7. Ibid.
8. Ibid., 99.
9. Brand, "Spacewar."
10. Halter, *From Sun Tzu to Xbox*, 74–75.
11. Herz, *Joystick Nation*, 5.
12. Brand, "Spacewar."
13. Edward Smith, *Triplanetary*, quoted in ibid.
14. Ibid.
15. Kline, Dyer-Witheford, and de Peuter, *Digital Play*, 87.
16. Halter, *From Sun Tzu to Xbox*, 75.
17. Herz, *Joystick Nation*, 7.
18. Kline, Dyer-Witheford,and de Peuter, *Digital Play*, 85.
19. Halter, *From Sun Tzu to Xbox*,82–83.
20. Lenoir and Lowood, "Theaters of War," 6.

21. Halter, *From Sun Tzu to Xbox*, 119.
22. Ibid., 136–37.
23. "Theaters of War," 10.
24. Quoted in Hapgood, "Simnet."
25. Ibid.
26. Lenoir and Lowood, "Theaters of War," 16.
27. Ibid., 30.
28. Riddell, "Doom Goes to War."
29. Chaplin and Ruby, *Smartbomb*, 202.
30. Ghamari-Tabrizi, "Convergence of the Pentagon and Hollywood," 153.
31. Chaplin and Ruby, *Smartbomb*, 206.
32. Ghamari-Tabrizi, "Convergence of the Pentagon and Hollywood," 155–56.
33. Quoted in Lenoir and Lowood, "Theaters of War," 10.
34. National Research Council, *Modeling and Simulation*, n.p.

第二章

打造兵工厂式课堂：军队对美国教育的影响

1777年12月底，乔治·华盛顿将军带领着大陆军（Continental Army）进驻宾夕法尼亚的福吉谷地。此时的部队，人困马乏，饥寒交迫。基于战略的考量，他们选择在费城西北18英里（约29千米）的这个福吉谷地过冬。谷地两侧是欢乐山和痛苦山，前面是斯库尔基尔河形成的天然屏障。在这样一个安全的地点，大陆军可以监视英国人的举动，确保英军不会对他们的阵地发动突袭。但是，没有敌军来袭，并不意味着大陆军没有危险：由于缺粮少药，饥饿和泛滥的疾病已经让数千人丧命。华盛顿一再向大陆会议发出要求补给的请求，但都石沉大海。大陆会议早已没有补给可以供应了。

大陆军过冬的营地条件恶劣，这使得他们更加士气低下，纪律涣散。面对装备精良、训练有素的英国军队，大陆军散漫、乱不成军的状况可能是最为致命的。更糟糕的是，大陆军没有一个标准的训练手册。虽然美国的军队接受了训练，但是不同部队采用不同的训练手册，这就意味着组织统一的战斗行动几乎是不可能的。对于当时的大陆军而言，这个问题的致命程度和缺衣少粮一样严重。

1778 年 2 月，弗里德里奇·威廉·冯·施托伊本男爵拿着本杰明·富兰克林写的介绍信，来到福吉谷地。施托伊本原本是普鲁士国王总参谋部的一名精英成员，他来到美国，想把自己的军事技能传授给这支叛军。虽然这个普鲁士人不会讲英文，但华盛顿将军还是领略到了他的才华，于是很快就任命他为代理总监，请他负责起草一个组织有序、协调统一的训练计划并组织实施。施托伊本投入相当大的精力，不仅训练士兵，还编写了一本综合训练手册。他的助手把手册从法文翻译成英文，供日常演练使用。施托伊本对大陆军的训练使用统一的标准和方法，除此之外，他还打破指挥官与士兵之间传统的壁垒，本人直接与部队接触，从而开创了新局面。等到这一年的 5 月，施托伊本成功地让这支原本衣着不整、组织混乱的部队旧貌换新颜。此时，大陆军信心满满、斗志昂扬。

这年冬天，实施标准化战斗训练并不是福吉谷地的唯一的创新性教育事件。华盛顿将军意识到有必要对士兵进行一些基础的文化课教学，于是下命令：要求用《圣经》教士兵们读写。华盛顿希望士兵能够识文断字，并不是指望他们因此能够胜任任务，而是希望他们都能读懂《圣经》，这样就会有更高的精神追求。据此来看，华盛顿此举更多的是基于精神而非军事因素的考量，这从他招募牧师担任教官的做法中亦可看出端倪。和福吉谷地发生的那些广为记载的历史相比，这件事似乎只是个小脚注，但实际上，这却开启了美军历史上第一次士兵教育活动。尽管这一点一直被人们所忽略。

在福吉谷地首次采用了两个做法：一个与训练有关，另一个与教育有关。这不仅对美军产生重大影响，甚至对美国整个学校教育体系也产生了重大影响。影响的范围到底有多大，至今仍不为人知。不过，美国教育体系中大多数主流做法，比如标准考试、成人教育、职场学习等，都是基于军方的需求和资金支持，从而得以不断地创新、改进和拓展。在扩大受教育人员范围方面，特别是在针对弱势群体的教育方面，军队也一直是领军力量。正是因为有这一教育传统，只有把军方当前做法与其悠久的教学传统连贯起来看，才能全面理解军队现在为什么会把电子游戏当成学习的工具。战争年代，大量技术水平不高的人员应征入伍，军队教育力量已经接近饱和。在这种情况下，武装部队就成了尝试新的教学方法和教学工具的摇篮。特别是从第二次世界大战以来，军方的研究工作和经费支持一直是教育技术的首要推动力，其中包括引发了始于 20 世纪 80 年代初的计算机进入校园运动，这项运动同时也为如今教室中使用的各种高技术奠定了基础。而那些产生和发展都归功于军方需求与资金支持的众多学术领域就更不用多说了，这样的学科不胜枚举，其中有：物理学（包括核物理学和其他相关的学科，如神经科学、认知科学和信息科学）；机器人学；计算机科学和计算机工程；心理学（包括行为主义心理学和人体工程学）；电子学（包括数字电子学等）；地球科学（包括地震学、气象学和海洋学）。教育历史学家道格拉斯·诺布尔指出："自 20 世纪 50 年代末苏联人造卫星上天以来，美国学校就十分重视科学与数学教育，这或许就是军方推动技术发展带来的最为显著的后果。”[1]

同样具有影响力的是军方在学习方面的“概念”，之所以军方在这方面有影响力，原因通常在于民事政策制定者未能把握培训与教育两者之间的区别。传统意义上讲，军方的学习都是与任务挂钩的，学习之所以有用，是因为可以通过学习获得其他东西，有战略意义的东西。美军并不是为了知识而传授知识，而是希望通过传播知识，提高部队遂行具体任务的能力。这种强调功能的方法，已经从军方传播到公立学校，并成为教育史学家 W. 诺顿·格拉布和马文·拉泽尔松所说的“职业主义”运动的核心内容。两人认为，强调功能的方法，可称得上是“21 世纪在教育方面最为重要的进展”。[2]

自成立之日起，美军一直就处在标准化测试的潮头，故此，军队对教育的影响在教育标准化方面也有所体现。即便是在现在，美军仍然号称拥有世界上规模最大的测试程序。[3]可以看出，把学习置于科学管理之下的想法正是来源于此。这一想法也正是 21 世纪小布什政府和奥巴马政府高风险测试政策的核心所在。

第二次世界大战以来，军事技术进步一直对国家的读写能力标准制定产生着影响。学者德博拉·勃兰特曾写道：第二次世界大战期间及战后，军方资助开发的技术进入美国社会，读写能力开始被当作一种基本的作战资源，并被视作后工业化时代经济至关重要的一个因素。用勃兰特的话说，读写能力已经成为“实现技术投资效益最大化所必要的附带投资”。[4]

军队对美国教育产生如此重大的影响，不单单是因为国防在民族国家的历史中发挥了举足轻重的作用，军队规模庞大的教学需求同样是个重要的原因。每年，数以万计的新兵接受基础培训，之后会继续接受多达300余项职业专项培训和众多的附属专业培训。他们既要学习战场战术，又要学习维和技能。招募的新兵中，绝大多数都是毫无经验的年轻人。他们通常刚从高中毕业（或是辍学），多数从未有过工作经历（军方是全国雇用无技能基础劳动力最多的雇主）。每年美军把大约16%的国防预算开支在培训上，远超世界上其他任何国家的军队。[5]

即便如此，军队发挥影响力的方式还是值得一提。第二次世界大战之后，曾经的军队人员大多进入企业或教育机构，并把他们在军旅生涯中学到的经验教训以及他们的见解和个人喜好，带到新的工作岗位上。同样，20世纪80年代“计算机进入校园运动”的很多支持者，要么是有军队的背景，要么曾参与过军方发起的研究项目，军方对技术和计算的兴趣感染了他们。

很多具体的军事问题都需要即时的解决方案，这种压力成为军事技术创新的动力源。以标准化测试为例。每年军队都要对大量新招募的士兵做出区分、安排单位，在战争年代更是如此。（比如，在参加第一次世界大战的短短两年多时间里，美国军人数量增长了20倍。[6]）必须按照士兵们显现出来的能力定岗定位。不论标准化测试存在什么样的内在问题——也确实存在很多问题——军队要想完成这些艰巨的任务，除了采取标准化测试，别无他法。

创新的压力，还源于军队训练周期相对短暂而训练效果又要立竿见影的要求，也源于训练任务的广泛多样。我们不能把枪往别人手里一塞，然后就说：“你上吧！”射击也不是士兵唯一需要掌握的技能，即便是步兵也不能只会射击。军队必须训练和教育士兵学会基本的知识技能（比如数学）、军事技能（比如射击）以及具体的岗位技能（比如操作复杂的武器系统）。士兵们要学会在不理想的条件下（比如在战争中），在单人或者是在小组、分队中运用这些技能。更为重要的是，每一名士兵，每一支部队，都必须年复一年、日复一日地不断地更新技能、保持技能。高效、专业、一致，这是军事培训的特殊需求，而长久以来，军队的学习创新也反映了这些需求。

20 世纪：从标准化测试到远程学习

1876 年出生的罗伯特·耶基斯，在宾夕法尼亚巴克斯县一个农场长大。从很小的时候起，他就知道乡村贫困的农民生活并非他所要。一位叔叔资助他进了乌尔辛纳斯学院学习，这是一所德国改革宗教会成员创办的小型文理学院。毕业后，他被哈佛大学录取，成为生物学专业的研究生。耶基斯给自己设定的目标是成为一名医生，不过对动物行为的兴趣改变了他的目标，最终选择了比较心理学。1902 年耶基斯获得心理学博士学位后，先后做过多份临时工作，包括在哈佛大学教书、在波士顿精神病医院担任心理研究主任等等。15 年后，在美国参加第一次世界大战后不久，年仅 41 岁的耶基斯成为美国心理学协会（American Psychological Association，简称 APA）主席。

当时，心理测试行业没有什么可信度，更不要说名气了。耶基斯决心改变这种状况。虽然心理学学科设立还不到 25 年，但他一心想将之打造成为一门“硬”科学（也就是一门正规的科学）。他相信采取量化手段的心理测试，能够提升心理学的精确性，从而在更广泛的科学界赢得尊重。耶基斯很快意识到，第一次世界大战是普及智力测试的一次良机，于是他力促 APA 参与到战争之中。在被推举为协会新兵心理检查委员会主席后，耶基斯向美军官员介绍了他的想法：建议组织对即将入伍的战士进行智力测试。向军方推销这个主意并不难，因为当时军方已经下定决心地想要寻找一种新的群体筛查方法，以便对数量庞大的入伍新兵进行分类。

为了满足军方需求，耶基斯带领一个心理学家小组设计了两类测试模式，这就是美军最早的集体检查。第 1 类测试针对的是有读写能力的、会说英语的人员，采取多项选择的笔试模式。第 2 类测试面向文盲和不会说英语的人员，测试中则不使用语言。对于今天的考生来说，这两类测试形式看起来也并不陌生。测试问题主要关于同义词和反义词、类比以及句子排序。第 1 类测试结果出来后，引发了人们对全国“识字问题”的惊呼：参加测试的 170 万人员之中，30% 没能读懂测试问题。[7] 由于这些人中大多数已经接受过某些类型的学校正式教育，测试结果给了全国的教育者们当头一棒，人们开始认识到学校在读写教学方面是存在问题的，有史以来第一次大规模有关“识字问题”的教学方法的讨论随之展开。

在军方看来，测试能带来的好处是：在对士兵分类、培训和安排适合的工作岗位时，包括在安排更为重要的军官培训时，他们有了貌似客观的标准可以参照。通过这些测试，还可以识别出具备较低技能的士兵。如果及时对这些士兵提供补救性的培训，那么他们可能仍有机会去执行一些重要的任务。虽然这种智力测试让一些愤世嫉俗者更加坚信，很多成年人智力有限，教育对他们根本毫无用处。但战争岁月的事实证明，数以千计原本被认为不可教的人，在 6～12 周的时间内，是可以掌握基本的识字能力的。到 1919 年，近 2.5 万文盲和外来人口接受了这种快速培训。

耶基斯和同事们搜集了大量数据，而产生的最终效果却与军方授权的初衷相悖。这个实验的结果，更多的是被恶意使用。斯蒂芬·杰伊·古尔德在其经典之作《人类的误测》中写道：随后数十年间，这些数据被操纵、被错误分析，在某种形式上甚至被用来支持种族主义者和改良人种论者的主张，并产生了三个所谓的“事实”[8]，而这三个“事实”，极大地影响了美国的社会政策：

> 1. 美国成年白人平均智力略高于低能的边缘，平均智力年龄仅为可怜巴巴的 13 岁；
>
> 2. 对于来自欧洲的移民，可以按照他们的来源国划分等级……肤色更暗一些的南欧人、东欧的斯拉夫人，智力水平要低于来自西欧和北欧的白人。
>
> 3. 黑人位于智力等级的最底层，平均智力年龄为 10.41 岁。

当时支持这项测试的主要群体，几乎清一色都是主张改良人种论的狂热分子。对他们来说，这些数据似乎证实了他们对人种和文化上的偏见。在整个 20 世纪，甚至直至今日，这些偏见继续显现在标准化测试的结构之中。托马斯·施蒂希特特别提到，不论是在军队，还是在公立学校，军队的两类测试都“创造了对智力与能力的一种思考方式，而这又继续支持了对智力测试的使用”[9]。其中，既包括“智力类别”的基本概念，也包括认为标准化测试能值得信赖地把人分为不同类别的观念。

第一次世界大战中，军方首次把专项训练作为一项重点，这是因为人们已经清楚地认识到，士兵需要操作的装备日益复杂。[10] 在美国内战期间，90% 的士兵一直在从事非技术性的与战斗有关的活动，担任技工、文书或者技术人员的士兵比例不超过 10%。不过，到第一次世界大战时，仅有不到 50% 的士兵从事非技术性的与战斗相关的工作，对熟练和半熟练技术人员需求大幅增加。[11] 正是因为这个原因，当第一次世界大战期间专业技术人才大量短缺时，成人培训和职业培训成为军队最为关心的事情（当时，仅有 20% 的所需专业人才不经培训即可上岗）。这种局面促使军队采取了实用的文化教学方式，教学课程完全聚焦于与工作任务相关的内容。士兵现在必须掌握一定的读写能力，能够读懂和工作相关的手册文本。因此，除了解码能力，理解能力也是教学的一个目标。一系列尝试性的教学项目应运而生。[12] 例如，在伊利诺伊州的格兰特兵营，除了技术和职业培训外，士兵们还要参加阅读、数学以及公民学课程。这些项目对外宣称的目的是，尽快“开发不成熟的心智”[13]。

1916 年《国防法案》进一步推动军队成人教育工作。该法案要求：要确保士兵“能够获得学习和接受教育指导的机会，提升其军事能力，在回归平民生活时，能更加胜任在工业、商业部门以及一般企业的工作”。因战争需要，1917 年还通过了史密斯 - 休斯法案，极大地扩展了全美高中职业培训范围。

第一次世界大战结束后，军队战时经历引发了对标准化测试的关注，加之学校管理者日益迫切地接受科学的组织方法，标准化成绩测试快速发展，俨然成为一场大众教育运动。[14] 1926 年，首次学业能力倾向测试（Scholastic Aptitude Test，简称 SAT）举行。SAT 是军队第 1 类测试的修订版本。这一情况不足为怪，因为美国大学理事会挑选出负责设计 SAT 的人是著名的改良人种论者卡尔·布里格姆，而此人正是第一次世界大战期间开发军队测试的关键人物之一。最初 SAT 的许多问题都明显显示出与军队的千丝万缕的联系。比如有这样一道数学题："某师共有炮兵 5000 人，步兵 15000 人，骑兵 1000 人。如果每个兵种人数都按同一比例增长，最后总兵力达到 23100 人，那么炮兵应该增加多少人？"[15]

第一次世界大战结束后，美军人数大幅削减，军队大部分教学工作也随之停止，不过零星的，对文盲士兵的培训仍时有进行。这些培训课程继续把军队的小册子作为学习材料，强调读写能力，不过小册子的内容主要是历史、公民学、基础卫生，以及其他一些旨在把士兵培养为"有用的"社会成员的话题。这一时期，由于军队缩减至战前规模，军队废弃了对人才选拔分类的科学人事研究方法。第二次世界大战初期，军队招募新兵的标准，仅仅是看看新兵能否听懂用英语下达的简单命令。

珍珠港被袭后，为了对大量入伍新兵进行筛选，军队重新启用测试手段，一方面是为了确定士兵是否适合服役，另一方面也是为了给他们安置与他们能力匹配的工作。陆军通用分类测试替代了原有的陆军第 1 类测试方案。（虽然陆军通用分类测试的初衷是检测一般性的学习能力，但是确定基准时，依据的仅仅是男性白人士兵和民间资源保护团成员的反应。[16]）随着战事发展，大量文盲和半文盲参军，这促使军方开发了额外的非书面测试形式。1941 年至 1945 年美国参战的几年间，几乎每一位在测试领域工作的美国政要，都或多或少与军队有过联系。[17]

第二次世界大战也促进了标准化测试的推广。由于战争爆发，对有技能和受过教育的人员需求急剧增加，一旦入伍，这些人就成了军队的重要资产，这也让人们认识到了高校教育的重要性。[18] 1944 年颁布《退伍军人法案》，使成千上万的退伍军人进入大学，这是前所未有的事情。新生的突增大大激发了学校管理者对 SAT 的兴趣，原因在于 SAT 考试采用多选形式，测试效率高。不过，让制定者出乎意料的是，《退伍军人法案》还在事实上终结了认为蓝领不适合上大学，大学只适合于少数特权阶级的精英主义观点。[19]

第二次世界大战同样引发了教学上的其他变化。例如，战争中大量新人涌入部队，这就要求军事的培训模式必须以教室环境下的集体学习为主。为支持这一模式，军事心理学家在开发和使用教育技术方面取得了重大进步。他们检查了军队现存的教学原则，判断是否适用于培训领域。经过这些检查，军队开始关注一些新的原则，比如"部分任务培训"原则。[20] 该原则要求人们对复杂任务作出分析，然后将其分解为多个更易于完成的子任务。这个过程现在已经成为民间"职业主义"运动的核心内容。如名所示，"职业主义"运动强调，职业培训在公共教育中起着重要作用。

1941 年至 1945 年间，军队发起了一个人类历史上规模前所未有的成人基础教育计划。该计划让军队确立了一条长远的理念，即对成人的教育可提高工作业绩。[21] 此外，士兵在工作场所学到知识的同时还可以获得学分，这就使教育与士兵发生了联系。这一创举很快被民间机构所借鉴。[22]

战争期间，由于士兵接受培训的时间相对短暂（最多不超过

12 周），所以培训重点都是与军事相关的具体知识，培训材料也是按照四年级读写水平订制的。与此同时，为士兵确定的“可接受”的识字能力标准，也随军队人力需求变化而大幅浮动。1941 年至 1945 年间，士兵入伍的最低标准一直在修订之中：军队对新兵数量的需求越高，入伍的最低标准就越取决于人员接受教育的潜力，而不是他们已经接受过的教育。[23]

第二次世界大战期间，随着军队对教育的重视程度不断增加，“普通教育发展”（General Educational Development，简称 GED）测试体系也就得以建立。士兵可以凭借在军队中的 GED 测试成绩申请相应的高中年级。GED 测试由美国武装部队业余进修学院的人员设计，一开始只针对军队人员和退役老兵。[24] 不过从 1947 年起，地方成年人也可参加测试。十年后，参加该测试的非退役人员数量已经超过退役人员。现在大家都知道，通过 GED 测试获得普通高中同等学历证书的现象，在北美已经非常普遍。在美国，每年 GED 证书颁发数量占高中学历证书总数的将近 15%。

美国武装部队业余进修学院之所以重要，还有另一个原因。当时的美国战争部，指定该学院为美军现役军人函授学校。依靠国内的美国邮政总局和海外的美军邮政系统，美国武装部队业余进修学院开创了大规模远程教育的先河。对于驻扎海外的士兵，函授学习是个高效、有吸引力的选择：函授课程没有固定的起止日期，学生可以按自己的节奏进行学习安排，而且不论是对个人还是对集体，课程都同样适合。[25] 到第二次世界大战结束的时候，美国武装部队业余进修学院的函授网络已遍及世界各地，在波多黎各、阿拉斯加的安克雷奇、伦敦、罗马、马尼拉、新德里、开罗和巴拿马等地均有其分支机构。

计算机辅助学习的发展

第二次世界大战期间美军之所以重视读写能力，主要是因为现实中作战方式发生了重大而复杂的变化，而不是因为战争范围的扩大。正如德博拉·勃兰特所写，由于军事各个方面的发展进步，士兵们处处都要“使用各种技术，收集情报，操作通信系统，还要管理节奏越来越快、环节越来越复杂的官僚机构”[26]。第二次世界大战期间的技术进步不只是推动了军队识字率的提高，意义更为深远的是，这些技术进步还“改变了教育的基本理念”，即教育的目的从提升道德水平转变为提升生产力。长久以来，识字能力一直被当作是维护社会和宗教稳定的工具：它让公民们可以阅读《圣经》，让移民群体适应文化并被“驯化”。但是战争期间，识字能力与道德意义脱节，成为勃兰特所说的“战争产生所需的原材料”。结果，原本作为“‘良好’个人属性”的教育，转变为“对国家安全和全球竞争至关重要的”资源。

在这一转型中技术发挥了基础作用，这在第二次世界大战后军队教学创新中也有所体现。毕竟与其他任何单一机构相比，军队在搭建教育与技术的联系方面发挥了重大作用。过去数十年间，不论是以独立的方式，还是以与工业部门合作的方式，美军一直都是世界上最重要的计算机教学和教育技术的出资方和开发方。正如一种说法所言：“计算机可能早晚都会进入教室，但是如果没有（军队的持续支持），教育领域的电子革命可能不会发展得如此之远、如此之快。”[27]除了计算机之外，得到军方资助的还有多媒体应用、模拟、教学电影、教学电视、投影仪、智能教学系统、教学机器和语言实验室。这些，并非都是由军队发明，但是都得到了军方的支持并被军方改进、推广。

计算机辅助教学的根源可以追溯到第二次世界大战期间军方研究的人机系统，也就是人与机器的一体化系统。历史学家马丁·冯·克里弗尔德列举了20世纪四五十年代一系列激发军事工程师和心理学家想象力的问题："人的长处有哪些，新机器的长处又有哪些？怎么样来分配两者的工作量……？人与机器之间的沟通应该如何组织……？"[28]在军队最初接触计算机辅助教学时，这些都是核心的问题。

1958年，行为心理学家B. F. 斯金纳发表了一篇题为"教学机器"的文章（教学机器是指用于自动教学的设备）。文章颇具影响力，在军队和工业界引发了广泛的关注。同年，APA与空军科学研究办公室在4个月之内，分别就这一话题举行了研讨会。无独有偶的是，DARPA也是在1958年成立。DAPRA虽被视作一个为应对苏联威胁而建立的反应措施，但它也为计算机辅助教学提供了必要的研究经费。

这一时期最为引人瞩目的项目当属自动化教学操作程控逻辑系统（Programmed Logic for Automated Teaching Operations，简称PLATO计划）。该计划设立在伊利诺伊大学厄巴纳－香槟分校，由美国空军、陆军和海军资助。[29] PLATO是专为教育设计的一个计算机系统。研究人员希望通过这一系统，突出计算机辅助教学在教学法和经济成本方面所占据的优势。PLATO的一个创新之处在于，它可以通过一台等离子屏幕显示文本和简单的动画。该计划还推动了教育软件编程语言的开发。此后多年间，PLATO一直是世界上使用最为广泛的计算机辅助教学系统。[30]

20世纪五六十年代，计算机辅助教学领域取得的其他许多重大进步都来自美国空军半自动地面环境项目（Semi-Automatic Ground Environment，简称 SAGE）。该项目在核心内存、键盘输入、图形显示、通过电话线进行数字通信等领域，均取得重大进展。SAGE 系统还率先采用“用户友好界面”的设计方式（比如设置帮助菜单、在线教学辅助等），指导用户使用特定系统。[31] 在更为抽象的层面，SAGE 项目还让人们认识到，可以使用计算机辅助系统增强认知能力。在这一模型中，人脑功能按照计算机的处理能力被重构，这种做法最终导致认知心理学的兴起。SAGE 计算机辅助教学关注的重点是，在真实世界以及虚拟环境下，人们如何制定决策、解决问题。总之，SAGE 可以说是世界上第一个使用计算机管理教学的案例。

教育的福音与技术的变化

从这一章我们可以看出，军队对美国教育产生了重大影响。军队发起的方法、概念和技术，通过各类中介，特别是通过企业界的传播，最终不断出现在公立学校。军队对技术保持了长期的关注，这也解释了为什么军队一直以来都是 W. 诺顿・格拉布和马文・拉泽尔松所说的“教育福音”背后的推动力。这一社会假定认为：在后工业化时代，公共教育目的的转型是“教育的福音”。两位作者这样描绘福音的愿景：“知识革命（或者说信息社会、高技术革命）正在改变工作的性质，扎根于工业生产的职业正在减少，它们逐步转变为与知识和信息相关的职业。这种转变不仅提升了新职业的技能要求，也更新了对‘阅读、写作和算数’能力的认识，增强了包括沟通技能、解决问题能力和推理能力在内的‘高阶’技能。”[32] 如果没有军队的开创性作用，那么这种转变就不会以同样的形式出现，也不会发生得如此之快。

两位作者注意到，为了跟上这种变化，确保在快速进步的技术面前不落伍，工人们现在必须要终身学习。通过提供大量的技术设备以及技术背后的制度原则，军队也塑造了更为庞大的社会层面的变迁。几十年前，社会学家丹尼尔·贝尔曾指出，军事技术是后来被他称为“信息社会”的“主要决定因素”[33]。道格拉斯·诺布尔从贝尔的分析中获得启示，认为军队对“信息技术、系统分析、核能及晶体管……自动化、机器人化，以及生物工程”都有影响，正是这种影响力奠定了军队作为高技术经济“先锋队”的地位。[34]

20 世纪在军方与教学有关的所有工作中，影响最大的就是把教育与现代技术紧密联系在一起。我们这里所说的现代技术，不仅指电子、光纤和数字文件意义上的技术，也包括作为整个经济核心的技术。这并不是说五角大楼在此背后有什么阴谋，事实上，许多的问题和众多的参与者都对技术与教育之间的联系产生了影响。但在这一环节上，军队发挥的开创性作用是必不可少的，而且影响仍在继续。

保持领先也并非没有隐患。实践中，虽然军队的教育创新工作带来了许多持久的变化，但仍有不少案例显示，新教育技术的真实效果远未达到最初承诺和宣传的水平。不过，即便一再遭遇这样的失望，军方对技术驱动教学的热情也从未被浇灭。

然而，现在我们面临一个与以往完全不同的重要差异，而这也是军队历史上前所未有的：即便针对那些初级人员，军队不仅要教他们“思考什么”，还要教他们“如何思考”。我们知道，过去的创新主要是为了服务功能和标准化。正是因为这一点，当前的发展才如此引人注目，因为它打破了过去的模式。阿富汗和伊拉克两场战争如此复杂，迫使军方承认：针对具体军事目的开展功能性培训，已经远远不够。在接下来的章节中我们将会看到，军队现在之所以对电子游戏投资如此之大，其实也正是缘于培训的不足。

注 释

1. Noble, *Classroom Arsenal*,14.
2. Grubb and Lazerson, *Education Gospel*, vii.
3. Zwick, *Fair Game?*, 2.
4. Brandt, "Drafting U.S. Literacy," 495.
5. Driskell and Olmstead, "Psychology and the Military," 46.
6. Ibid.
7. Resnick and Resnick, "The Nature of Literacy," 381.
8. Gould, *Mismeasure of Man*, 226–27.
9. Sticht, *Military Experience and Workplace Literacy*,21.
10. Driskell and Olmstead, "Psychology and the Military," 48.
11. Sticht, *Military Experience and Workplace Literacy*,16.
12. Duffy, "Literacy Instruction in the Military," 441.
13. Egardner, "Adult Education in the Army," 258.
14. Resnick and Resnick, "Nature of Literacy," 381.
15. Quoted in Zwick, *Fair Game?*, 2.
16. Eitelberg, Laurence, Waters, and Perelman, *Screening for Service*, 15.
17. Lemann, *Big Test*, 54.
18. Zwick, *Fair Game?*, 3.
19. Kime and Anderson, "Contributions of the Military," 475.

20. Driskell and Olmstead, "Psychology and the Military," 48.
21. Anderson, "Historical Profile," 59.
22. Kime and Anderson, "Contributions of the Military," 465.
23. Brandt, "Drafting U.S. Literacy," 486–87.
24. Kime and Anderson, "Contributions of the Military," 468.
25. Anderson, "Historical Profile," 110.
26. Brandt, "Drafting U.S. Literacy," 485, 495.
27. Noble, *Classroom Arsenal*, 3.
28. Quoted in ibid.
29. Fletcher, "Education and Training Technology in the Military."
30. Noble, *Classroom Arsenal*, 98.
31. Ibid., 73–81.
32. Grubb and Lazerson, *Education Gospel*, 1–2.
33. Quoted in Noble, *Classroom Arsenal*, 12.
34. Ibid., 191.

第三章

“人人都得会思考”：后“9·11”时代美军向电子游戏的求助

> 想消遣的话，这里有模拟器，这是他玩过的最完美的电子游戏。老师们、学生们一点点教会他如何使用模拟器……对战斗拥有如此程度的控制，甚至能够观察每个细节，真让人兴奋不已。
>
> ——奥森·斯科特·卡德，《安德的游戏》，1985 年

20 世纪 90 年代末冷战结束不久，美军高层军官们开始猜测，年轻一代拥有与他们上一辈不一样的技能和态度，这将有利于他们同美国新面临的国籍不明确的敌对力量进行作战。2001 年，美国陆军科学委员会的一份研究，详细列举了这些技能和态度。[1] 研究中写道，年轻一代善于同时处理多项任务：他们可以一边听着音乐、打着电话，一边操作电脑。他们喜欢做具体的推理，不

喜欢抽象的、演绎式的高谈阔论。年轻人也不再愿意通过被动的说教来学习，他们希望可以亲自动手、亲自体验，通过具体事例来进行学习。甚至他们对识字能力的定义都发生了变化。判断识字能力，不仅要参照文本，还要参照图像和多媒体。官员们宣称：所有这些属性都和现代战争相关，也都可以通过打电脑游戏的方式进行培养。

无独有偶，在国防部长唐纳德·拉姆斯菲尔德的“新军事变革”中，这些技能和偏好被视为必需。“新军事变革”（亦称作“转型”）认为美军拥有高技术作战系统并高度依赖空军力量，对大规模地面部队的需求也已经急剧减少。2001 年，随着乔治·W. 布什政府在华盛顿执政，“转型”成为国防部的流行语，被当作是应对后冷战时期不确定性局势的一种可能答案。未来战争不再是两个超级大国行动迟缓的坦克之间的对决，未来的战争将是实力与能力差别巨大的对手之间的“非对称战”。“转型”要求部队进行整体性技术升级，把军队打造成一支灵巧、敏捷、轻便的作战力量，能够快速部署到世界上任意一个潜在热点。要实现这一目的，部队需要实现“联合”和“网络化”[2]。换言之，四个军种之间要有极高程度的合作，并且通过先进的技术实现相互连接。但“9·11”事件只是促使唐纳德·拉姆斯菲尔德进一步削减地面部队的总体规模，而这也成为造成伊拉克战争惨痛后果的关键原因之一。

不过，“转型”还是做对了一件事：21 世纪美军士兵的作用确实更加综合，并且在每个层级上都受到先进技术的推动。结果是，军队开始强调“态势感知”在战场上的重要性：要认识到重要信息是可以获取的，要理解和解读信息与任务的关联，要使用信息来预测未来的计划和事件的发展。创新技术研究所一位颇具创新精神的前所长吉姆·科里斯指出，军方“已经决定在向士兵传授关于火炮炮管的物理知识方面少花心思，而多花时间教他们在城市近身战斗中快速作出明智决定。这就是认知决策能力的培训。”[3]适应性思维、与他人协作、系统和信息管理，这些已经成为并将继续是士兵最需要的能力。过去人们认为士兵只需拥有理解战场、读懂武器操作手册的技能，但现在，这种观点已经被取代。士兵现在不仅要掌握数字化的知识，还要有高超的信息处理能力，而这些能力恰恰是可以通过电子游戏获得提升的。

国防部2003年的研究报告《为未来冲突而训》强调了这一新观点。报告指出：除了培育使用武器的能力以外，美军士兵同样需要掌握思考的能力。该报告起草者之一，时任DARPA项目主任的拉尔夫·查塔姆博士写道：21世纪战争“对军队人员的认知能力，即便是级别最低的人员，都提出了更高要求”[4]。报告在其他地方还更为直白地指出，“人人都得会思考”。考虑到以往众多僵化的军事训练传统，这一观点在当时确实是一个重大突破。就报告列举的原则及其影响范围而言，《为未来冲突而训》为军队采取基于游戏的新型学习方式奠定了基础。

DARWARS的崛起

拉尔夫·查塔姆在报告中强调：如今军事能力取决于技术本身，也同样取决于操作复杂技术系统的士兵。（这一点延续了军队长久以来重视人机关系的传统。）查塔姆说，人们期望士兵在执行“复杂认知任务”时，能够展示出一定的“速度、程度和耐力”[5]，这就意味着军事训练要有重大改进。在实践中这意味什么呢？查塔姆认为，答案要在流行文化中寻找。具体而言，他认为当代军事训练应该模仿大型多人在线游戏世界的模式，即成千上万名参与者可以同时在虚拟环境中进行游戏。

荷兰学者戴维·尼堡对《美国军队》游戏进行了分析，从中可以看出多人在线游戏模式与军事训练的相关性。尼堡指出，游戏玩家要同时管理游戏的多条数据流，头脑里就要记住这样的一系列问题："对手在哪里，和我说话的是谁，队友在哪里，医务兵在哪里，完成这项任务我还有多少时间、多少子弹，走出这家医院的最快方法是什么，那个噪音是什么？"[6]上述问题以及更多的其他问题主导着游戏的每一个时刻，充分显示出大型多人在线游戏的复杂程度。

在美国入侵伊拉克后，查塔姆写道：和 20 世纪七八十年代军队采用的基于模拟的作战训练中心相比，大型多人在线游戏代表了新的飞跃。这一次，训练的重点是士兵如何处理和应对信息。查塔姆之所以有通过电子游戏彻底改变军事训练的想法，是因为他在这个领域有过一段独特的经历。在 DARPA 工作期间，他曾牵头开发了一款名为 DARWARS 的开创性项目。这是一系列数字化"通用的、可点播的、持续性的战争训练"游戏，2003 年至 2008 年期间，部署在世界各地的美军基地都在使用它。虽然游戏图像比商业电子游戏要逊色一些，但是同此前军方所做的其他尝试相比，效果已经好得多。DARWARS 重点训练的内容包括：跨文化沟通、护卫行动、步兵战术以及交战规则。该项目强调个性化教学、直接的效果反馈、即时培训、协作和自主学习，这些正是查塔姆领导的陆军科学研究委员会研究报告中强调的要素。此外，士兵还可根据亲身战场经历，在 DARWARS 中创建新的场景。这是一项创举，也代表了在早期军事模拟基础上取得的重大发展。DARWARS 向这一代军队官员们显示：在美国应对 21 世纪战争的准备中，电子游戏可以成为独一无二的有效的训练工具。

例如，在 DARWARS 人气最旺的培训工具中，有款名为《伊拉克人战术》的游戏，它模拟的是在巴格达地区的阿拉伯和伊拉克文化背景下，对士兵进行训练。查塔姆说，这款游戏，以及美国陆军和海军陆战队至今仍在使用的更加大型的战术语言与文化训练系统，设计初衷都是源于这样的看法：在当前的战争中，“非言语信息与言语信息同等重要”。置身海外，美军士兵理应熟知当地的基本文化暗示和肢体语言，这与掌握基本词汇同等重要。游戏中，玩家在不同的困境中与虚拟的伊拉克平民接触。交流成功与否，取决于玩家能否妥善处理大大小小的文化交际问题。（比如，对于伊拉克人而言，在他们面前跷起大拇指是非常冒犯的行为，这和对着平民讲话不摘掉太阳镜一样，都被看作是无礼的行为。）游戏强调要对所有人员（哪怕是资历最浅的人员）进行文化差异感知能力的培训，这显示军队培训已经进入了一个新阶段。毕竟，在过去，理解作战环境的文化，被看作是国务院职权范围的事，而不是军队的任务。

依查塔姆之见，在当今的战场上，理解指令只是作战能力的最基本前提。他认为，在 21 世纪的战场上，士兵要掌握一项基本的技能：学会“接收大量的信息，进行归类、评估，作出决定并采取行动”。即便“战友的形象和踪迹”都被“屏幕上的图标”所代替，电子游戏也仍然是教授士兵上述技能的一种完美工具。

从DARWARS到《真实世界》

当代的战争通常都会信息过载，正是因为这个原因，“9·11”事件之后，军方率先对电子游戏提升认知能力的作用产生了浓厚的兴趣。早些时候，《美国陆军》游戏的设计者，凯西·瓦尔丁斯基上校，这样描绘美军士兵面临的新挑战：“军事信息常常潮涌而至……在紧急的情况下涌来，伴随着大量的杂音……大多数信息还是原始数据，尚未转换成信息……怎么筛选？有什么工具？这方面我们有哪些天赋？能够承受多大的信息承载？”[7]这些问题，一度让那些拼命适应阿富汗和伊拉克战争现实的军事思想者和计划者们，苦恼不已。

瓦尔丁斯基就是其中之一。他认为，玩电子游戏的一代人，与生俱来就有能力掌控混乱的视觉空间。这是他们面对当前敌人的一个关键性优势。现在的对手，“不会笨到在沙漠地带追杀我们，那样他们只会被我们抓捕”。与之相反，他们藏身于城市之中，藏身在“混乱嘈杂、充斥着非战斗人员和不相干事物”的环境中。面对喧嚣嘈杂，如果有人能够从情景中找出一条关键信息，并在转瞬之间作出决定，那么这个人就是军队所需要的战略人才。

瓦尔丁斯基说，DARWARS、《美国陆军》以及其他类似的游戏，为士兵提供了一个“虚拟的教室……在这样的世界里，每个人都可以将自己的头脑置于其中（因为距离、时间、金钱或者危险等原因，本人不必亲身前往），并且可以让自己摆脱现实世界的束缚去体验”。按照他的设想，高速人机交互是发出有效指令的唯一切实可行的工具。指令的目的，正如发出指令的方法一样，与以往的战争大不相同。如今指令的目的在于如何大幅提升新兵的认知能力。瓦尔丁斯基指出，“这不是传统的思考训练方式。通常一提到训练，我们就会想到，‘我要给受训人员一套答案、一组情景，让他们烂熟于心，然后在适当情况下按照正确顺序重复出来。’而电子游戏对训练的看法是，‘我们要训练你的头脑，让你能够更好地加工接收到的东西，不论你接收到的是什么。’”

提出训练大脑这种想法，是为了应对军方所说的“三个街区战争”战斗模式。在经历波斯尼亚、索马里和科索沃三场战争之后，美军上将查尔斯・克鲁拉克提出了这一战斗模式概念。（在《全能武士》电脑游戏中）他解释说：“在某个时刻，我们的军人要给流离失所的难民分发食物和衣服，执行人道主义救援任务。下一个时刻，他们可能就要去把交战的两个部落拉开，执行维持和平行动任务。临末了，他们可能还要打一场中等热度的高致命性战斗。而所有这些行动，将会在三个街区范围内，甚至在同一天内进行。”

丹・考夫曼是 DARPA 电脑游戏《真实世界》，即 DARWARS 续集的项目负责人。他提出同样的观点：在 21 世纪，美国士兵将不仅仅是战斗人员。他说，虽然我们还在采用过去曾经行之有效的指挥链，但是现在，时间已经明显不够用了，而这就进一步增加了人员的压力。在阿富汗和伊拉克战争期间，士兵必须快速做出行动和反应，因此需要独立作出决定，而过去这些决定都是由上级指挥官来确立的。和查塔姆、瓦尔丁斯基等官员一样，考夫曼也在努力思考如何让士兵更好地应对这一新形势。他们最终得出的结论是：电子游戏是解决问题之道。

考夫曼的结论可能有失偏颇。他曾长期在商业游戏行业工作，为了把自己所学用于军事领域而加入 DARPA。考夫曼认为，像《真实世界》这样的游戏，可以让士兵对认知负荷的反应成为本能，就像第六感。他说："第六感只是一种经验和感知能力，并不是什么神秘的东西。"他指出，智力的种类有很多。例如，一个物理学教授可能在物理实验室占据优势，但是，"如果突然把你丢在巴格达的市中心，那么你希望身边的人是谁？是这位物理学教授，还是一个从小到大一直玩电子游戏的 19 岁孩子？"

考夫曼承认，如果完全采取志愿兵役制，那么必然会有一些士兵的读写能力处于标准之下。他说，很多人之所以参军，要么是因为在学校表现不佳，要么是因为不喜欢学校，或仅仅是因为找不到其他工作。他认为，对当今的众多新兵来说，电子游戏通常更适合他们的偏好，也更适于特定技能的学习。

考夫曼指出，受训的士兵仍在努力提升自身能力，以便适应更为具体、难度更大的工作岗位，而这些技能是早期教学方法无法传授的。他说，士兵们都希望平安回家，而电子游戏能够帮助他们更好更快地掌握这些"必须学习的"技术。为了"学会不被杀死"，士兵们不得不采用最高效的工具。

六岁的小孩能帮你干啥？

"9・11"事件后，在为军方设计游戏方面，与查塔姆、瓦尔丁斯基和考夫曼等人齐名的，还有迈克尔・马其顿，我们在第一章中曾提到过他。21 世纪最初几年间，马其顿是陆军游戏与模拟办公室（模拟、训练和仪表项目执行办公室）的首席科学家和技术主任。在陆军游戏与模拟办公室（当时名为STRICOM）任职期间，马其顿负责指导军队对模拟训练技术和电子游戏训练技术进行投资。对于热爱科幻小说和电脑的马其顿来说，这项工作非常适合他。利用自己的论坛，他发表了《游戏、模拟与军事教育困境》等一系列颇具影响的论文。作为一名军事历史学者，马其顿当时认为，军方使用电子游戏，只不过是延续了几个世纪的趋势的最新表现：“数千年来，自有军队存在开始，人们就已经开始使用模拟的方式。人们讲故事，在沙地上画图画，发明象棋……创造了这些抽象的事物，希望能够以此理解战争的本质和动力。看看科学家在用数学方程做什么，看看艺术家在做什么，看看作家在干什么——他们都在努力地把宇宙抽象化。”[8]

现在，马其顿已经是国防承包商巨头“科学应用国际公司”的副总裁。虽然位高权重，但他仍是军方使用电子游戏的拥趸。部分原因在于，他认为游戏能够帮助克服士兵准备过程中的关键障碍：时间短缺。他说，时间是“教育的张力。在人类历史的某一个时刻，送一个人去学校学习两年，他就可以知道所有该知道的事情。而现在，单单大学就得四年时间。所以，对军事训练来说，时间是个大问题。要是有足够时间，我可以让你做好任何准备”。这个问题并非军队所独有，但是由于军人的职业事关生死，因此训练人员和士兵的风险大大增加。“你用四年还是八年毕业，大学并不在乎。但是军队却无法承担这种局面所带来的责任和后果，”马其顿说，“我曾经和别人争论过，学会一项人人都要掌握的特定技能，一天时间的基本训练到底够不够。我们应该花多少时间训练士兵的身体素质，花多少时间用于生化训练，花多少时间用来训练士兵操作无人飞机，对这些问题的争议从未间断过。”

电子游戏可以让军队压缩学习的过程。

按照马其顿的说法，电子游戏的浸入式属性，不仅增加了可信度，也增强了讲故事的能力，这也正是电子游戏的训练优势之一。他说，情感“对学习至关重要。激发情感的一个重要方面就是会讲故事。这可以追溯到荷马。看看《伊利亚特》和口述史的传统，历史就是这样传授的。要想记住所有的事实，唯一的办法就是把它们编成一个故事。故事，是让人们学会理解、吸收和保留的一种方式”[9]。

军方（以及马其顿）最初决定使用电子游戏的一部分灵感，来源于这样一个故事：在奥森·斯科特·卡德的青年小说《安德的游戏》中，六岁的主人公安德鲁·安德·威金斯是国家军事学院的一名学生，终日沉浸在他认为是虚拟现实的游戏中。在游戏中，他成了一名士兵，保卫地球，抵御外星人的攻击。不过，直到最后我们才知道，安德的战斗并非模拟战斗，恰恰相反，这些战斗相当真实，而且安德通过娴熟的战斗，刚刚从外星人的入侵中拯救了地球。马其顿说，军方对电子游戏的看法，受到了这本小说的极大影响。[10]

马其顿还笃信加州大学圣迭戈分校精神学家 V. S. 拉马钱德兰的理论，该理论认为人类本质上是由记忆组成的。他解释说，军事训练努力实现的，就是在士兵走上战场之前，在他们头脑中“创造”这些记忆。[11] 他引用拉马钱德兰的观点，认为人类头脑中有一个虚拟现实的程序。“有人朝你扔了个球，你预料球飞的方向。而事实上，你正在做的就是在头脑中对世界进行一次小型的模拟。”[12] 他认为，这就是军队努力通过电子游戏和模拟要去实现的。

尽管有人说这些听起来有点不现实，但马其顿还是坚持认为他的想法很务实。要是有人问他军队对电子游戏的期待是否过高，那么，他的回答一定会是坚定的“不”。他说，真正的问题是，“除此之外，你还有其他办法吗？我们在公司里经常会问，你有其他选择吗？通常回答都是：没有。除非军队能招募一些这样的博士：刚从大学获得学位，身体健壮，掌握三种语言，尤其是乌尔都语需要非常熟练，此外，还要有丰富的国外工作经验。但实际情况并不是这样！——你要面对的是18岁的年轻人，而且你能掌控的时间也是非常有限的。”

在马其顿心中，理想的解决方案是，建立一个包罗万象的虚拟环境，士兵可以一直在其中训练。在这一环境下，他能让“士兵成为游戏的一部分……在真实地点的真实人物，与仿照真实世界复制的虚拟地点的真实人物，进行互动”。他承认这个概念听起来很奇怪。“确实很怪异，在某种程度上有点像科幻小说。这就像是《安德的游戏》。”[13]但是，对马其顿来说，事情本来就该如此。他说，毕竟，“我一直很好奇，六岁的小孩到底能干什么”。

识字、战争与社会

撇开科幻小说不谈，国防官员们强调：从更宽泛的意义上看，各个军种甚至整个社会，对于“读写能力”含义的理解也在不断变化，这与军方使用电子游戏也有所关联。长期以来，读写在战争中一直发挥着重要作用，比如保存记录、信息发布、宣传和管理档案。在20世纪两场血腥的世界大战中，随着复杂新技术的出现，对士兵识字能力的要求也越来越高，管理军队的官僚系统规模成倍增长，结构更趋复杂。在美国，军方开始把识字能力作为一项关键的资源指标，对士兵进行评定、分类、定级和安置。除此之外，作为战争工具和资源的信息本身，也变得越来越重要。在美国最近的几场战争中，这一趋势得到加速发展。

之前我们已经看到，在过去的一个多世纪中，通过资助尖端技术项目的开发，军方对读写能力的概念产生了巨大影响。接下来，人们需要学习操作这些技术的能力，而事实上，这些技术也已经在改变我们的经济和社会系统。

随着新技术、新职责的出现，读写能力的定义变得更加宽泛，扩大到包括操作新技术、履行新职责所需的所有技能。军方很快认识到，电子游戏是一种新型文化的典型代表。尽管媒体和政客们习惯性地认为电子游戏是有害的，习惯性地选择置之不理，但是越来越多的教育学者认为，打电子游戏时做出的各种动作，其实与传统的识字方式更为匹配。这些学者还说，这些动作也与那些在复杂高技术条件下成功所需的技能非常相配。[14]

有种观点认为电子游戏代表了一种颇具影响力的新识字能力，它是更为广泛的数字读写技术的重要组成部分。虽然在21世纪初，也就是这种观点刚刚被提出时，引发了很大的争议，但现在，教育理论家们对这个问题已经达成了广泛共识，基本肯定了这一观点的正确性。将识字能力与电子游戏联系起来的人中，最引人瞩目的当属杰出文化学者詹姆斯·保罗·吉。他认为：当代的电子游戏不仅冗长复杂，还要求玩家学习和理解由单词、符号、问题和线索组成的复杂系统。吉断言：现在的书写语言只是重要沟通方式的其中一种，其他的还有图像、符号、声音和动作，而这些都是同样重要的。因此必须从宏观的角度来思考识字能力，而不能仅限于会读会写的能力。吉还提到，电子游戏是把这些因素结合起来的主要媒介。[15]

美国白宫科技政策办公室前高级分析员、威斯康星大学麦迪逊分校教育学教授康斯坦丝·斯坦库勒认同吉的观点，他甚至更加清楚地描述了游戏玩家技能与现行教育标准之间的联系。玩电子游戏时，玩家要了解各种图标、符号、手势、动作、图形和文字，在由它们组成的密集的“识字空间”中开战。斯坦库勒指出：“如果把人们在这些空间中的行为，与国家的阅读、写作和技术标准相比，就会发现许多行为是符合这些标准的。例如，按照全国英语教师委员会的标准，游戏玩家要‘阅读大量印刷文本和非印刷的文本’，才能理解这些文本，理解自己；要运用各种策略，‘理解、解读、评估和欣赏这些文本’……；‘收集、评估和整合来自各种来源的数据’……；并且‘用……视觉语言达成自己的目标’。”[16]

当然，即使是在这个数据时代，也并不是所有的年轻人都是计算机奇才。陆军研究所一项研究显示，“士兵群体差异很大，一些人只具备有限的计算机知识，另一些人则已经掌握了编程技术”[17]。计算机技能千差万别，这意味着数字培训必须灵活，既要能适应技术高超的人员，也要能适应技术低下的人员。但是媒体并非总能反映这一现实。到目前为止，《连线》杂志的史蒂夫·西尔贝曼表达的看法是最具有普遍性的。他写道：现如今，士兵们在很多方面都是在为使命训练终生。“在兵营里，他们敲打着键盘玩《光晕》游戏[18]；坐在开动的坦克里，他们在掌上游戏机（Game Boys）的游戏里发起攻击；休息的日子，他们挤进电影院，观看由同一群技术人员设计的逼真的电影大片。而现在，这些技术人员要训练他们如何一边把敌人炸死，一边拯救自己的同伴。”[19]

事实上，正因为年轻人乐于接受电子游戏，高级军事领导才越来越欢迎他们。美国已经持续打了十多年的战争，年轻一代已开始取代许多年纪偏大、讨厌技术的指挥官。迈克尔·纽厄尔是负责空中战术与格斗战术训练器的陆军产品主任，他这样向我解释发生的转变：“军队的特点是永不停滞，代际更迭永远都在路上。战争之初还是上校的人，现在已经晋升为少将、中将了。当时看过虚拟训练的人，现在都是高级军官了。还有一些四年前从军校毕业的上尉连长，他们几乎都是由任天堂游戏机陪伴着长大的。这些年轻的领导者，不知道过去没有手机和电子游戏的世界是什么样，因此他们非常容易接受虚拟训练的方式。”

新一代领导者也知道，现在的士兵们不喜欢坐在教室里听老师一张张幻灯片地讲，而更喜欢通过实践来学习。美国陆军研究所指出：大多数游戏玩家都会无视指导手册，选择自己探索游戏。和这些玩家一样，士兵们“希望用获取非军事数字技能的方式，学习陆军数字系统：摸索软件和装备功能，解决实际问题”[20]。

电子游戏能用来干什么？

尽管国防部高度依赖电子游戏和模拟系统，但在游戏的训练与教育效能研究上，军方至今仍处于起步阶段。在美军内部，第一家真正把这项研究当成一个正式问题而不是传闻轶事的，就是海军研究办公室（Office of Naval Research，简称 ONR）。ONR 战斗人员绩效部门的项目官雷・佩雷斯认为：“我们发现，在感知力和认知力方面，电子游戏玩家的表现要超出不玩游戏的一般人 10%～20%。……我们认为，这些游戏提高了人员的执行控制能力，或者说对外部世界刺激的关注力。”佩雷斯相信，游戏研究属于“一门新的学习科学”的初期阶段。这门新科学整合了“神经科学与发展心理学、认知科学以及人工智能”[21]。

大多数对游戏是否是行之有效的教学工具这一问题开展的严肃研究工作，不是由军方学者而是由学术界完成的。例如，罗切斯特大学的达夫妮・巴维利亚博士发现，玩过快节奏的动作类型电子游戏的玩家，视觉注意技能要好于非玩家。这种技能可以让人们“把注意力集中到相关的视觉信息上，抑制不相关的数据”[21]。按照巴维利亚的同事肖恩・格林的说法，“之所以说动作类电子游戏可以提升能力，关键是因为人们灵活、精确地控制注意力的能力通过玩动作类电子游戏得到了显著的增强”。格林认为，这种能力增强带来的好处显而易见：“对像战斗机飞行员这类需要‘超常的’视觉注意力的职业来说……其业绩甚至生命都取决于能否对最为重要的视觉信息做出快速、准确的反应，因此他们获得的益处将是巨大的”[22]。总的来说，学术研究显示：电子游戏至少能对基本认知能力（处理速度、图像感知技能）和高层次思维策略产生短期的积极效果。一项文献回顾的结论认为：电子游戏“促进了动态认知行为。这是因为玩家需要运用解决问题、推理和制订战略的技能来应对挑战，克服困难”[23]。这种动态的认知行为，推动了高层次思维比如元认识和判断能力的发展。也有证据显示：在一段时间内连续玩游戏，能够改进注意力，以及感知力和空间能力。有趣的是，视觉技能的提高与快节奏的动作类游戏（比如第一人称射击类游戏）有关，而与慢节奏的策略类游戏（如《模拟城市》）无关。在视觉敏感度、多任务处理能力和感知处理速度方面，动作类游戏玩家的表现也明显更为优秀。

研究显示，不同类型的游戏可以激励学生采取不同的认知策略。玩线性因果关系类型游戏的学生，在以后完成任务时，采用的是以最快方式达成目的的策略；而玩冒险类游戏的同学，表现出的则是积极思考、从周围细节推断含义的能力。总之，游戏玩家进行的复合认知过程，与学校强调的复合认知过程是一样的。通过这种方式，复杂电子游戏可以提供与约翰·杜威、让·皮亚热和列夫·维戈茨基所发展的以游戏为基础的教育理论相一致的实践。[24]

模拟游戏也能让玩家适应特定的角色并通过这种方式高效地输送知识。麦克阿瑟基金会的一项研究报告发现，游戏有助于玩家“开发情景感知能力，进行有效社交活动，建立强大的身份认同、共同价值观以及思维方式”[25]。这些特点是共享型团体的标志。该报告特别把《美国陆军》游戏当作一个成功的例子引用。

在研究电子游戏的教育价值方面，麦克阿瑟基金会投入的资金数额超过其他任何一家私人机构。该基金会也强调“新媒体”读写能力的重要性，并把这种能力定义为“在新媒体环境下年轻人所需要的一系列文化能力和社会技巧”[26]。基金会指出的能力与技巧，几乎也都是操作电子游戏所需要的核心能力，包括：

编剧本能力——利用周围的事物解决问题。

> 表演能力——采取不同身份临时应对或发现各种情况。
>
> 模拟能力——解读和构建现实世界的动态模型。
>
> 多重任务处理能力——扫描环境，根据需要把关注点转移到突出细节上。
>
> 分布式认知能力——有意义地使用可扩展脑力功能的工具。
>
> 群体智慧能力——汇聚知识，为实现共同目标和他人交换意见。
>
> 判断能力——评估不同信息源的可靠度和可信度。
>
> 跨媒体导航能力——在多种信息样式中，追踪故事和信息的发展。[27]

得克萨斯教育技术中心的约翰·W. 赖斯指出：游戏“把技巧与训练转换为电子和媒体格式”，在游戏与“认知性的虚拟交互环境”两者之间，我们必须作出清晰区分。[28] 目前，前一种游戏占领了教育软件市场。但是，正如赖斯所写，“两者的重要区别在于：认知性虚拟交互环境可提供足够的进行复杂互动的机会，从而成为适合高阶学习的环境”。他认为，诸如《侠盗猎车》和《文明》一类的商业游戏，以及《美国陆军》这类明确的教育游戏，都可以被看作认知性虚拟交互环境。在各类计算机辅助方案中，人们通常认为开放式模拟游戏拥有独一无二的潜力，有助于创新性解决问题和高阶思维。而这些，也恰恰是最受军方欢迎的游戏。

电子游戏背后的学习原则

在分析电子游戏的教学特性、推动电子游戏教学方面，或许无人能与詹姆斯·保罗·吉相比拟。吉是《在学习和识字方面，电子游戏能教会我们什么？》一书的作者，亚利桑那州立大学读写能力研究的教授。他认为，好的电子游戏要求玩家能够解读复杂的“内部设计方法”，这个解读过程着重强调批判性思维和解决问题的能力。他在书中写道：电子游戏很像实验科学，遵行“假设、探索世界、获得反应、反思结果、再次探索以期获取更好结果”的循环。在这个过程中，问题按照先易后难的顺序进行设置，“从初期问题中获得的假定，可以用于后期更好地解决更加困难的问题”[29]。在玩家们制定战略、不断探索冒险的过程中，他们持续地检验着能力的极限，不断推升着能力的上限。

在《优秀的电子游戏与优秀学习》一文中，吉写道：“一提到在校学习，有些人认为就是学习可以在书面测试中重复的‘事实’。然而，数十年的研究显示，在这种体制下教育出来的学生，虽然有可能通过测试，但实际上他们既无法把这些知识运用于解决实际问题，也无法运用这些知识去理解他们所学领域概念的全貌。”换言之，我们不能因为一个学生在物理考试中成绩“优秀”，就因此说他能够解决现实问题。学校对这样的结果可能不担心，但军队是会有所担心的。相比之下，电子游戏强调的是“情境意义”，所有知识点都是在特定环境中学习的。与“为了学习而学习”的事实不同，这类知识人们一旦学到，就能够长期掌握并能运用于实践。对大多数人来说，脱离具体情境来练习技能是毫无意义的。吉写道：“当人们把一套相关技能看作是实现其目标的策略时，他们学习技能、演练技能的效果将达到最好。”主要原因在于，电子游戏为人们学习和演练技能提供了一个强大的激励性的环境。因为这些电子游戏的交互性质，学习过程中玩家必须积极主动，把他们自己变成知识的原动力，而不是“被动的接受者”。

游戏中玩家必须采用新的身份，并为之倾注巨大心血，电子游戏另一学习原则正与此相关。吉写道：学校“通常是按照‘内容迷恋癖’的观点建造的，认为学术区域”仅仅是由“可以通过标准化方式测试的一系列事实或信息体组成”。[30]他说，这一点是错误的。像生物学和心理学这样的学科，并非是事实的集合体，而是“各种活动和认知方式的集合体。通过这样的行为和认知方式，可以发现事实、为其辩护或者对其修订”。如果一个人想要学习生物学，首先他就必须要站到一个生物学家的角度，像一个生物学家那样思考，就像玩家在电子游戏中的做法一样，一个人如果想成为士兵，不能单凭会背诵一些重要历史战役的基本情况，而是要学会如何在战斗中行动。吉说，这就涉及了深度学习，这种学习有别于那类为了让学生们通过测试而进行的学习。电子游戏也可以促进“系统思维”。在系统思维中，玩家必须面对整个游戏系统并根据对手的行动进行整体思考，最终搞清楚该如何展开自己的行动。

我之前已经说过，即便是在最底层的军队人员中间，对批判思维和解决问题能力的训练也在越来越得到重视，这代表了军队的一种范式转变。吉指出：与这种转变同步出现的，还有后工业时代有关工作场所的新理论。这种理论强调：“团队的合作是希望工人们能够真正理解其工作内涵，运用其所学知识。”但是不同之处在于，军队的激励结构与工业部门和教育部门的不一样，军队不能像公司那样因员工工作失利而将其解雇；不能像学校那样依据标准化的考试成绩来判断学生成功与否，军队必须要知道，士兵确实已经学会了如何使用部队教授的技能。

游戏的其他好处

除了在认知和教育方面的益处，军方热捧电子游戏还有一个更为直白的原因：省钱。美国海军陆战队战术决策模拟项目负责人迈克尔・伍德曼指出："采用实弹的实地训练，在时间、保障、训练场地、燃料、弹药等方面成本非常昂贵。"[31] 相比其他训练方式，用电子游戏进行的培训由于采用商业现成技术，成本成指数下降。一名陆军教官这样向我描述电子游戏培训的好处："无需运营费用，无成本，人员不会伤亡，装备不会受损。"

虚拟训练项目也有助于军队调配训练场地。随着部队完成海外部署返回国内，现在训练场地尤为短缺。例如，路易斯堡驻扎部队的数量，是训练场地可容纳数量的七倍。对设立在德国和韩国等地的美军基地而言，由于缺少机动空间，大多数全频谱作战训练同样通过模拟进行。

此外，在实弹训练环境下只能进行一两次的部队演习，如果采用数字系统，就可以演练三四十次。纽厄尔中校告诉我，"我当连长时，如果要带领一支部队清除路边的两座建筑，通常要花几周协调训练场地的时间。演习要先后进行三次：第一次是不带武器、不带弹药的初排，第二次使用空包弹，最后一次才是真正的实弹演习。整个过程要花上数周的时间。而且，我们还要进行某些人工场景的搭建，因为如果要进行实弹射击，训练人员只能以某种具体的方式射击。但是（在电子游戏中），我就可以设计一个情景，一星期之内就可以让士兵在其中反复演练20次。这个情景完全是认知性的，参加人员必须动脑筋思考来采取哪些行动并且必须充分考虑各种危险。”纽厄尔说：“游戏能让人真正置身情景之中，亲身经历，亲眼看见。退回后更换情景，用另一种方式再做一遍。然后再退回，再重复。我可以提供无数的训练情景让士兵体验，重点不是士兵们‘怎么做’，而是他们在其中‘怎么想’。所以，在把士兵真正派出执行任务之前，已经给他们提供了多次体验。一旦士兵到了实际环境中，我就可以随心所欲地设置障碍，因为他们所有的情况都已经遇到过了。”

现在的军事领导者也可以通过电子游戏进行培训。例如，在堪萨斯州莱文沃斯堡的陆军指挥预备学校和指挥参谋学院，中校军官和其他领导者使用一款名为《城市模拟》的电子游戏，游戏开发者将之称为“《模拟城市》（巴格达）”。创新技术研究所开发的这款游戏，关注的是反暴乱战斗。玩家需要负责公民的安全、管控和治理，以及经济建设和基础设施建设等一系列复杂的事务。不过，与《模拟城市》不同的是，“这一次玩家在城市中要对付的是暴乱分子，而不是满城乱跑的龙卷风、地震和哥斯拉”[32]。要想在《城市模拟》中取得成功，获取当地民众的支持与安抚东道国的领导人一样至关重要，当然，传统的军事行动也必不可少。游戏的角色都设定为自主行为体，能够对单个事件做出反应，也能够对更大的环境做出反应，而这些环境又常常是受到玩家行为所影响的。指挥预备学校校长托德·埃贝尔上校认为，这个系统就像是围棋游戏：“玩家必须通盘考虑每一个决定的因果关系……必须对接下来的两至三步进行预测。”

为实战教学

自“9·11”事件后，美国军方之所以不断加大对游戏的重视，是因为下列重要问题：当代战争的需求，技术进步带来的能力提升，读写能力的实质性变化，以及更为重要的经济原因。与此同时，后“9·11”时代军方在电子游戏使用方面的演变，也显示国防部开始重新重视反暴乱。

经过多年的努力和发展，军事电子游戏终于达到了以假乱真的复杂程度，已经可以完全匹配士兵面对的现实世界情景。更为重要的是，经过多年对电子游戏教学特点的深入研究，人们已经发现电子游戏充当教学工作是多么有效。我们接下来会发现，当下最流行的军事电子游戏中，有两个因素共同形成学习体验，有时这种体验意义深远。

我们之前提过的凯西·瓦尔丁斯基上校，曾经在一个教学大会上，面对一群教育工作者，欢欣鼓舞地评估了电子游戏的现状。观众中有人指责他用电子游戏教人去杀戮。他回答道：“军队抢先接受这种类型的教学，你们都应对此感到惭愧。我们的问题是，最终我们要面对的是十七岁的学校教育失败品。按照你们的方式来教育他们，采取技能－练习这种标准的方法，他们是会丧命的。他们是不会用这种方式进行学习的，所以我们就只能动真格地教。”

瓦尔丁斯基最初接触游戏，不是出于教学目的，而是为了招募新兵。自从 20 世纪 70 年代初军队改为志愿兵役制后，军队与社会之间的文化联系基本消失，军队渐渐被视为“另类”。在人才短缺的人力市场上，军队部门（特别是陆军）想要吸引最优秀的新兵，争夺聪明伶俐、技术熟练的年轻人，杂志广告这样传统的招兵方法，已经显得越来越没有效力。因为这些年轻人所掌握的大多数信息都是从在线流行文化中获得的。更为重要的是，在这种在线流行文化中，军队被宣传的形象经常是漏洞百出、不合时宜的。

由瓦尔丁斯基构思的电子游戏《美国陆军》，尽管高度程式化并经过美化处理，仍被视为是扭转这一失衡的举措。这款游戏可谓是非常划算的“战略沟通工具”，不仅利用了军队目标对象对过去时光的好感，也与时俱进地改善了军队在这类观众中的形象。从 2002 年到 2008 年，这款游戏一直是世界十大在线电子游戏之一，其轰动一时的地位充分显示出军方与第一人称射击类电子游戏之间的密切联系。不过，正如接下来的一章要写的，游戏开发的故事其实也一直显示着两者之间所存在的分歧。

注 释

1. Army Science Board, “Manpower and Personnel.”
2. Halter, *From Sun Tzu to Xbox*, xxi.
3. Quoted in Silberman, “War Room.”
4. Ibid.
5. Ibid.
6. Nieborg, “Changing the Rules of Engagement,” 117.
7. Quoted in Li, “Potential of America’s Army,” 42–43.

8. Quoted in Silberman, “War Room.”
9. Quoted in Chaplin and Ruby, *Smartbomb*, 207.
10. Harmon, “U.S. Military Embraces Video Games.”
11. Halter, *From Sun Tzu to Xbox*, 198–99.
12. Ibid.
13. Quoted in Chaplin and Ruby, *Smartbomb*, 201,195.
14. Scholars who make this argument include James Gee, Kurt Squire, Constance Steinkueler, Alice Daer, Henry Jenkins, Gail Hawisher, and Cindy Selfe.
15. Gee, *What Video Games Have to Teach Us*, 13.
16. Steinkuehler, “Cognition and Learning,” 100–101.
17. Singh and Dyer, “Computer Backgrounds of Soldiers,” 22.
18. Silberman, “War Room.”
19. Schaab and Dressel, *Training the Troops*, 4.
20. Quoted in Freeman, “Researchers Examine Video Gaming’ s Benefits.”
21. Ibid.
22. “Video Gaming Boosts Your Ability.”
23. Dawes and Dumbleton, “Computer Games in Education Project: Report.”
24. Dipietro et al., “Towards a Framework.”
25. Jenkins et al., “Confronting the Challenges,” 4.
26. Ibid.
27. Ibid.
28. TK
29. Gee, *What Video Games Have*, 216.
30. Gee, “Learning by Design,” n.p.
31. Quoted in Minton, “Software.”
32. Mockenhaupt, “SimCity Baghdad.”

第四章

爆款游戏：《美国陆军》

2002 年 5 月 22 日一大早，凯西·瓦尔丁斯基中校在洛杉矶市内一家酒店的房间里醒来。此时，他的内心十分紧张。当时，他既是位于西点军校的美国陆军经济与人力分析办公室的主任，实际上也是陆军的首席经济学家。相比洛杉矶这座世界娱乐之都，军队严格刻板的环境更让他感到自在。这一天，在经过短短 3 个小时的睡眠后，瓦尔丁斯基将迎来职业生涯最为重要的时刻，世界上首款由军方开发的电子游戏《美国陆军》将要发布。从 1999 年项目一启动，他就一直在负责这个项目。5 月 22 日是 2002 年电子娱乐博览会（E3）的开幕日。这是电子游戏产业的年度交易大会，游戏公司、游戏开发商和游戏迷将聚集到四周有玻璃墙环绕的洛杉矶会展中心，目睹每年一次的盛况。当会展中心的大门打开，《美国陆军》将首次在公众面前亮相。最终，这款游戏将成为有史以来最受欢迎的在线游戏，成为陆军历史上最划算的征兵工具。不过，此时此刻，躺在酒店床上的瓦尔丁斯基，对大家将如何对待这款游戏，一无所知，焦虑不已。

瓦尔丁斯基特别担心的是主流媒体的反应。他有相当的自信，认为游戏媒体以及整个电子游戏界一定会欢迎《美国陆军》的横空出世，事实上，他们有什么理由不欢迎呢？他和团队打造出的是他们心目中的一流游戏。更为重要的是，在美国陆军与电子娱乐界之间建立起联系，这对提升公众对电子娱乐产业的尊重也大有帮助。但是，过去的多年间，政治家以及家长们一直对电子游戏颇有微词。所以，主流的新闻媒体会对这款游戏感兴趣吗？如果他们确实注意到了这款游戏，又会怎么评论呢？“这也太差劲了？”毕竟，开发《美国陆军》，原本是为了招募懂技术的年轻人入伍，游戏最终要在线免费发布，同时游戏光盘也将在全国陆军征兵点免费发放。所以，整个计划注定要引发争议。

游戏发布活动被1999年科伦拜中学枪击案的阴影笼罩。这次枪击事件中，两名毕业生埃里克·哈里斯和迪伦·克莱伯尔德开枪打死了12名学生和1名老师。媒体普遍报道：这两名学生一直是第一人称射击类游戏的粉丝，沉迷于《末日使者》和《德军总部3D》这类电子游戏。媒体大肆猜测：正是因为沉迷于这类电子游戏，才让两名学生对暴力如此麻木不仁，甚至直接导致了他们产生杀戮的欲望。电子游戏一直不受家长、老师和政策制定者的欢迎，在科伦拜事件后更是遭到了媒体史无前例的负面报道。瓦尔丁斯基担心，主流报纸可能会用这样的标题来迎接他：“军方要用纳税人的钱制造另一起科伦拜事件”。游戏界媒体可能会说：“军方制作了又一版《侠盗猎车》。”或许他们本意是表扬，但在瓦尔丁斯基看来，主流媒体要是稍稍有一点点对科伦拜事件的暗示，这款游戏就得完蛋。出于政治原因，国防部很多官员从一开始就强烈反对《美国陆军》。要是高层领导听到认为这款游戏将引发公共关系问题的丝毫暗示，那么他将永远都不可能完成这个项目。瓦尔丁斯基迫切地需要媒体给予积极评论，反驳国防部质疑的声音，反驳那些认为这款游戏是个灾难，想把它扼杀在萌芽之中的人。

瓦尔丁斯基的担忧是多余的。他和妻子苏沿着比科大街穿过四个街区，从酒店前往会展中心，路上他的黑莓手机收到游戏公共事务专家约·迈泽菲的一条信息：《美国陆军》登上《洛杉矶时报》头版。“是好消息吗？”瓦尔丁斯基很不安地回了信息。“特别棒！”迈泽菲向他确认。确实，报纸的文章根本没有提到任何有争议的内容，只是简单地报道称：陆军开发了一款尖端的动作类电子游戏，用来招募懂媒体的年轻人。

随后不久，等到瓦尔丁斯基赶到会展中心附近的时候，他得到消息：美联社和路透社都报道了这条新闻，并且《美国陆军》还登上了美国在线和雅虎网站的头条。此外，很快他就知道了所有的媒体报道都是积极正面的，洛杉矶晚间新闻随后的一篇报道也是一样。（事实上，大多数报道都是中立的；不过，在瓦尔丁斯基看来，“在新闻媒体中，中立的就是正面的”。）正如瓦尔丁斯基所料，游戏界媒体非常支持这款游戏。Penny-arcade.com 网站甚至开玩笑似的称，这是“有史以来美军用纳税人的钱做得最有意义的一件事”。

经过数年的努力，《美国陆军》最终面向世界。人们对这款游戏的热烈反应远远超出了瓦尔丁斯基的预期。晚上回到酒店房间后，瓦尔丁斯基的大脑回放了这一天发生的事情。他松了一口气，对自己说：“军队现在再也不能离开游戏了。”

从问世一刻开始，《美国陆军》就已经是彻底的成功了。在这届电子娱乐博览会结束的时候，有 8 家游戏出版商和网站把它评为最佳展品。2002 年 7 月 4 日游戏正式发布。在随后的两个月时间里，在陆军征兵网站 GoArmy.com 上，该游戏共被下载 250 多万次，风靡于硬核游戏玩家群体。《美国陆军》很快成为陆军征兵的至宝。游戏发行还不到一年，就有报道称：西点军校入校新生中有 20% 的人员玩过这款游戏。到 2008 年，麻省理工学院一项研究指出："由于这款游戏的存在，全美 16~24 岁的年轻人中，有 30% 对陆军的印象变得更加积极正面。甚至更让人不可思议的是，这款游戏对征兵产生的影响力超出了陆军所有其他宣传手段的总和。"[1]

《美国陆军》现拥有 1100 万注册用户。几年前游戏做了改动，可以用作政府的训练工具。现在，游戏平台已经用于几十个训练和模拟项目上，包括背包机器人和核生化侦察车辆等。《美国陆军》一直是美国电视、网站、无线电和印刷品的关注焦点，所有主要媒体都有报道。这款游戏长期成为《广告周刊》的封面故事，并且在 2009 年获得"下载次数最多的战争类游戏"和"最大型的虚拟军队"2 项吉尼斯世界纪录。《美国陆军》还设计了用于 Xbox 和 Xbox360 游戏机的版本，同时它还有用于各类移动终端和街机的版本。而最初创造这款游戏的成本是 750 万美元，只占军队全部营销预算的 1%。鉴于它取得如此大的成功，军方把这款游戏看作有史以来最为成功的一个征兵方案。

《美国陆军》之所以如此火爆流行，首要原因是因为它是游戏界所说的"3A 级"第一人称射击类游戏。也就是说，它可与同种类型最杰出的商业电子游戏相媲美。即便是对真实世界的军事没有特别兴趣的玩家，他们也可以通过这款游戏畅游体验游戏的乐趣，况且，它还是完全免费的。对那些对美国军事感兴趣的玩家来说，这款游戏的吸引力不仅在于游戏情节让人兴奋，更重要的是，它还相当真实。《美国陆军》的其中一个宣传口号就是“史上最真实的军事游戏”！所谓的真实性，部分原因在于游戏中对武器、军装和任务的精确描述。而游戏的地理背景进一步增强了这种真实性。游戏第一个版本发行时，公众尚未见到太多关于阿富汗战争的影片，而游戏中已经有很多地形场景是从阿富汗拍摄的视频片段中直接提取的了，后期的版本更是收录了在伊拉克以及其他真实战场中拍摄的片段。

《美国陆军》的另一个独特之处在于重视基础训练。游戏中，玩家在执行一项任务或担负某个角色（比如狙击手或是卫生兵角色）之前，必须完成适当的训练科目。除了对基础训练的重视，游戏还强调对军队价值的培养。比如，《美国陆军》一个重要的创新之处在于：玩家所有的队友都是美国人，而对方团队成员都被视为敌人。如果游戏中一个玩家射杀了自己的队友，不论有意还是无意，他都会被立即中断游戏，关进虚拟的莱文沃斯堡监狱，玩家角色排名也会因此下降几点，而这一特点在第一人称射击类游戏中是很不常见的。

监督创作世界上首款由军方开发的电子游戏，瓦尔丁斯基并非最突出的人选。游戏计划开始之前，他对电子游戏既不是特别了解，也谈不上感兴趣。他个人的兴趣是改革传统的招兵范式。用他的话说，很多的征兵人员和激励办法“并不是关心这些年轻人——他们只想着让这些年轻人报名参军，但是不关心这些年轻人在军队能否取得成功”。瓦尔丁斯基希望招募到的是那些不仅有潜力取得成功，而且甚至愿意把整个职业生涯都奉献在部队工作上的人。因此，他认为这款游戏中，玩家在获得回报之前应该首先要学会付出。具体来说，就是在赢得战场的胜利之前，必须先接受基础的训练。（其实，现实中的战争才是真正的回报，但这个想法并没有给他造成思想负担。）他觉得，设计《美国陆军》的指导问题应该是：为什么部队要接受基础训练？他要着重强调军队的“七个核心价值”，这些都列在了 GoArmy.com 陆军征兵网站上，它们是忠诚、责任、尊重、无私奉献、荣誉、正直、个人勇气。瓦尔丁斯基认为：如果游戏强调基础训练和军队价值观，那么就可以凭借这一点说服军方的领导层，说服反对电子游戏的改革者们，比如参议员乔·利伯曼和赫布·科尔。这两位参议员领导了国会的一个联合小组，专门调查娱乐界是否向未成年人出售暴力电子游戏。

瓦尔丁斯基的性格谦恭又强势，声音温柔但坚定。虽然是在芝加哥的郊区长大，但他的声音却夹杂着南方人的口音。他面容俊秀，体形健壮，身高中等，一双有穿透力的灰眼珠是他最迷人的地方，在和别人说话的时候，他的目光总是在对方的身上关注着。随便一个问题，都能让他滔滔不绝地说上半个小时。他的睿智显露无遗，不论谈什么话题，他总能把对话引到他想谈论的问题上去。他豪爽直率，观点犀利，对国防部的批评让人无可辩驳。无可否认，正是瓦尔丁斯基的独特个性和聪明才智才指引着《美国陆军》走向最终的成功。

在《美国陆军》中，人们大概都可以找到自己想要的东西。你既可以很恰当地把这款游戏看作是面向年轻人的宣传品，让他们年轻的头脑熟悉军事，也可以把它看作军事创新的杰出例子。

这款游戏的思想来源于战争，也是适应战争的工具，代表军方已经可以直接触及儿童和青少年的家庭（以及他们的思想）。此外，作为政府任务外包的一种模式，它也代表了对数十年国防部资源浪费的合理化改进（成本更为低廉）。游戏超越了简单的故事叙述，这也使其从一开始就成为人们关注和争议的目标。

最终，游戏留下的遗产中有这样一种理念：人们可以使用游戏来宣传一项事业，告诉大家这是什么样的事业，激励大家尊重或加入这项事业。《美国陆军》游戏取得的巨大成功，有助于普及“用游戏推广品牌”的理念。通过这种方式，这款游戏在营销世界拥有了和在军方一样的影响力。

卡拉巴萨斯市的一场鸡尾酒会

《美国陆军》的想法最早在 1999 年提出的，这一年陆军征兵数量处在 30 年来最低点，应征人数比目标少了 7000 人，是美国实行全志愿兵役制后表现最差的一次。为了寻找对策，由美国联邦拨款的公共政策智库兰德公司（RAND）启动一项研究项目，分析为什么十几岁的年轻人不愿意参军。那时，瓦尔丁斯基正在兰德公司帕迪（Pardee）研究生院攻读由陆军资助的政策分析博士学位，他经常和负责这个研究项目的首席研究员谈论这个项目。兰德的数据显示：年龄段在 15 岁到 24 岁之间的年轻男性，不再看重历史上与军队（特别是与陆军）有关的技能和价值观，比如领导能力、纪律性、生命中“取得成功”所需要的技能，或是做智力上有挑战性的事情。相反，他们想要的是享受生活，找个薪酬高的工作，或者是学点以后有助于他们提高工资的技能。

他们认为陆军能够提供的和他们想要的完全不匹配。确实，对这些年轻男性来说，参加陆军的唯一真正动机就是可以获得军方资助的大学学费。此外，不参加陆军的理由甚至和参军的理由一样多：参军会失去人身自由，军队服役与未来职业毫不相关，一旦入伍可能更加厌恶陆军，丧失“正常的”生活方式。（冷战结束后的 90 年代，人们更担心的是军队服役可能对生活方式所造成的影响，而不仅仅是对身体所造成的危险。）

军队服役本身不是唯一的问题。同等重要的是，年轻人把陆军列为四个军种中最不想去的军种。他们说，陆军是低技术军种，又脏又累，还危险，只有那些别无他路的人才会选择加入陆军。兰德公司的研究员在一张幻灯片上画了四个象限，对陆军、海军、空军和海军陆战队的情况做了比较。最差的象限在东南角，表示低技术含量和过于普通。按照受访者的反馈，空军被视为高技术、精英型；海军陆战队是精英劳累型，但是技术含量不低（事实上这一点并不准确，海军陆战队的技术含量相对较低）；海军位于中间区域。陆军正好处在东南角，在最差的位置上。

为了扭转这一逆势，陆军上将路易斯·卡尔德拉[①]命令 4 名高级军官和文职人员组成工作组，研究提升征兵效果的创新办法。卡尔德拉借用美国企业界的语言，写道：“我们的（销售）策略必须要建立在坚实的市场研究基础之上，我们发出的信息必须更好地瞄准可以增加市场份额的那部分市场。”[2] 他们引入一家名为博兹·艾伦·汉密尔顿的大型防务咨询公司，请它负责各种征兵新计划的组织和评估。这家公司成立的第二工作组提出了很

① 此处原文作者将其误写为上将军衔。卡尔德拉曾于 1978 年至 1983 年在美军服役，退役时军衔为上尉。——译者注。

多建议，从平淡无奇的到滑稽可笑的都有：比如给每名新兵配备一台个人电脑，把征兵站点搬到行人更多的地方等。还比如，为了让年轻人入伍，可以给他们提供激光眼部手术；把监狱里的犯人都送到部队；招募埃塞俄比亚、索马里或者其他国家的外国人入伍，充实陆军人员数量。陆军负责人力资源和预备役事务的助理部长帕特里克·亨利表示，要让美国的年轻人相信：陆军并不是“迫不得已才去选择的雇主”[3]。为实现这一目标，陆军必须“要找到一个能把新兴技术与士兵个人修身愿望结合起来的办法”。作为对这项内容的一部分努力，国防部把征兵预算提升到破纪录的一年 20 亿美元。

1999 年 1 月，就在陆军部长卡尔德拉发出新征兵策略号召之前的几个月，瓦尔丁斯基碰巧在加州富裕的卡拉巴萨斯市参加了一场鸡尾酒会。卡拉巴萨斯市临近位于圣莫妮卡山地的马里布。这里，数家科技公司点缀在 101 高速公路旁的道路上，因此这个地区也被称作“101 技术走廊”。1997 年到 1999 年，瓦尔丁斯基带着妻子和三个孩子住在附近租的房子里，完成他在兰德的研究生课程。

在这个温暖冬日的鸡尾酒晚会上，瓦尔丁斯基最后转到火炉的另一侧，一边喝着玛格丽特酒，一边和一个名叫杰西的男子聊着天。杰西是瓦尔丁斯基朋友的朋友，此刻他正在描述着自己帮电影界和广告商向媒体分送 CD 光盘的生意。不管是什么内容，电影、商业广告还是教学视频，杰西都会刻录到 CD 光盘中，然后把它运送到等待着的顾客手中。瓦尔丁斯基很感兴趣，就问杰西分销成本。答案让他大吃一惊：把一张 CD 光盘送到目的地所需的成本仅仅一美元多点。因为瓦尔丁斯基本人是一名经济学家，同时，新兵招募也是经济人力与分析办公室（Office of Economic Manpower and Analysis，简称 OEMA）的重点关注项目之一，所以他立刻竖起了耳朵。他十分清楚，陆军在把征兵信息送到千家万户时的花费有多大，相比之下，杰西所说的成本低廉得让人窒息。

继续和杰西往下聊着，瓦尔丁斯基了解到一张 CD 光盘能储存大量的内容。更胜一筹的是，CD 光盘可以直接送到人们的家里。但是，瓦尔丁斯基问自己，陆军应该把哪些内容放到光盘之中呢？和杰西这次交谈后不久，他在互联网上做了些调研，发现计算机游戏公司 NovaLogic 离他的住处不过四分之一英里（约等于 402 米）。后来他发现，这家公司刚刚为美国陆军"陆地勇士"项目提供了一款训练软件。"陆地勇士"项目旨在把商业上现成的技术整合成一个完整的"士兵系统"，也就是说每名士兵都能成为"一个独立的完整的武器系统"，装备有"武器、一体化头盔组合、防护着装和单人装备、计算机 / 无线电，以及软件"。此外，这家公司近期还出版了一款非常流行的第一人称射击类游戏：《三角洲部队》。

瓦尔丁斯基给 NovaLogic 打了电话，介绍了自己并希望能够到公司谈谈他头脑中刚刚成形的一个想法。他已经注意到，每次带孩子去百思买公司（Best Buy），他们总是在卖电子游戏的货架过道来回晃悠，每次购物结束时，总要费很大劲才能把他们拉走。待在家里的时候，孩子们和他们的朋友似乎也都沉迷于军事主题的电子游戏，一有空闲就在玩。后来有一次去百思买，瓦尔丁斯基决定仔细看看电子游戏的货架。他发现的情况让他大吃一惊：有将近三分之二的电子游戏都和陆军有关。有些讲的是罗马军队，有些则是讲未来军队，不过不管怎样都是陆军。和杰西的聊天加上他已经注意到的这个情况，促使他最终决定给NovaLogic打了电话。

NovaLogic很高兴地安排了一场会见。1999年3月，瓦尔丁斯基坐下来和公司的主席以及首席财务官谈论是否有可能开发一款和士兵培训相关的电脑游戏。这款游戏不是关于战斗的题材，而是讲如何成为一名士兵。他们讨论了开发这样一款游戏需要的硬盘空间应该有多大、成本需求如何。他们谈到了《三角洲部队》，谈到了制作电子游戏的成本。电子游戏的定价再一次吸引了瓦尔丁斯基的注意：制作一款电子游戏的成本在100万至200万美元之间，比商业电视广告还要便宜。更为重要的是，在传递信息方面，电子游戏的说服力要远远超过30秒长的电视广告。

“我们直说吧，”瓦尔丁斯基问首席财务官，“我们想买你们公司最好的游戏《三角洲部队2》，要100万还是200万美元？”

“不行，”首席财务官回答，“《三角洲部队2》要贵得多。我们只能给你一个老款游戏。”

“如果从一个已经不再畅销的产品基础上做起，怎样做才能让陆军看起来很有高科技和尖端的感觉？”瓦尔丁斯基这样问自己。不过，他发现在NovaLogic的对话对他还是很有启发的，他了解了电子游戏是怎样生产出来的，需要多少员工和时间，需要哪些技术。在NovaLogic的交流让瓦尔丁斯基更明确了他想要的游戏的几个关键方面：在线，多人，以士兵为重点，以小组为基础。最为重要的是，这次交流让瓦尔丁斯基坚信，为陆军开发一款游戏是可行的。现在，他思考的问题是该怎么去做？

经济学原理

瓦尔丁斯基之所以有这样激进的想法，认为电子游戏可以复兴陆军墨守成规的征兵流程，源于他本人经济学家的背景。他觉得，年轻人大部分信息都是从计算机和互联网上获取的，因此陆军要想吸引到新兵，就需要做出调整，适应信息时代的流行文化。瓦尔丁斯基认为，电子游戏在这方面大有用武之地，最主要的原因在于电子游戏可以直接被送到目标对象的家里。他说，《美国陆军》游戏明确是为十二三岁的男孩子设计的，用他的话说这是为了“抢占年轻人的头脑”，因为这些年轻人尚未决定今后要做什么样的事情。他告诉我：“孩子更有可能是在13岁时就开始思考自己以后的人生，而不会等到17岁时才开始思考这个问题。我们不能等到他们长到17岁，因为到那会儿，年轻人们已经决定好了是继续上大学还是就读职业学校，或者从事一份自己一直计划要干的工作。我们必须得在他们作出决定之前接触他们。”

电子游戏可以直接和年轻的男性群体建立联系，从而抵消瓦尔丁斯基所说的“营销失败”。20世纪90年代末，这种营销失败已经导致陆军征兵数量的急剧下降。这种想法更多的是出于经济学的理论考虑，而不是基于娱乐的考量。1972年美军由义务兵役制改为志愿兵役制，军队从此渐渐淡出美国主流文化。与此同时，互联网越来越流行，计算机成为中产阶级年轻人的生活必需品，这也导致陆军传统的宣传和征兵策略失去效用。

实行义务兵役制的时候，陆军并不需要鼓动人们参军的积极性，但是，完全志愿兵役制的施行，意味着人们把参军看成是职业选择的一种。征兵变成了双向互动，这对陆军产生了深远的影响。瓦尔丁斯基说："现在我得努力让个人兴趣和陆军这个组织的某些内容相匹配。在从前，我们要做的是把人员能力和组织所需相匹配。现在是彻底不同的方式。兴趣点是个致命问题，因为我们提供的工作岗位可能并不让人感兴趣，又或者人们对我们愿意支付的工资并不感兴趣，事实上，我们愿意支付的工资数额和这个工作岗位的经济价值之间一直有冲突，对此话题的讨论也一直在继续。"

经济学家在进行市场分析时，常常认为人们只要掌握全面的信息，就能够理性地作出经济选择。但是，按照行为经济学的两位开创性大师阿莫斯·特维斯基和丹尼尔·卡尼曼的观点，这种分析方法忽视了以下事实：获取和吸收信息可能会成本高昂；人们作决定时天生带有偏见；人们常常不是出于理性，而是根据受到的启发或者是决策捷径来作决定。[4]采用启发式的决策方法时，身边信息的生动程度和可用性，会对人们产生过度影响。故此，通常，人们都是依据不完整的信息来作出决定的。行为经济学家认为，第一印象至关重要，因为改变一个人的想法所需要的信息量，要远远多出最初作决定时所需的信息量。在瓦尔丁斯基分析看来，这是人类进化的结果。他说："从基因角度讲，最终能生存下来的那些人，都是拥有内在捷径的人。这些捷径是指获得的第一条信息和那些生动鲜明的信息都是至关重要的。如果你是一个到处游荡的洞穴人，正和同伴一起找寻晚餐的食物，这时几只巨大的长着长毛的美洲狮张牙舞爪地跳过来，把你的同伴都给吃掉了，这种场景绝对生动。这条信息对你来说也就非常重要，因为接下来你有可能也会被吃掉。所以，那些能够通过这条生动的信息迅速找出应对措施的人，就能够生存下来，为基因库作出贡献。”

关于陆军的很多信息都是十分生动的，这些信息本身并不会给征兵带来问题。相反，造成问题的是（曾经是，现在仍是）这些信息究竟有什么样的生动性。瓦尔丁斯基说，陆军主要是在“危险性、条件恶劣、辱骂、侮辱这些方面给人留下了生动印象。糟糕透顶了，不是吗？比如，《野战排》，还有所有描写越南战争的电影，讲述的都是倒霉的陆军、蹩脚的领导层、恶劣的条件。虽然也有给人留下深刻印象的英雄主义电影，但都是出于负面的角度。比如，《拯救大兵瑞恩》，表现了极端的英雄主义，但是我们其实并不想出现在那样一种情况之中”。瓦尔丁斯基觉得，陆军老兵们在这方面的所作所为，也是弊大于利。他说，即便这些老兵热爱陆军，他们讲的故事也生动形象，但“没有人愿意听他们讲那些无聊的故事，比如在前线作战基地四处闲逛，或是在费卢杰有空调的军人食堂里，享受布朗和鲁特公司供应的牛排和龙虾。人们想听的是遭遇埋伏或是被炸飞，又或是应付混乱局面的陆军故事。所以，从征兵的观点看，这些老兵不是我们的朋友——我们根本没有朋友！甚至我们连自己的朋友都不是，因为我们不知道如何谈论自己，或者什么时候谈论自己，跟谁谈”。

瓦尔丁斯基感到，陆军在两个方面已经远远滞后：第一是在提供最新的陆军信息方面；第二是在吸收互联网上和军队有关的数百万条信息方面。瓦尔丁斯基当时觉得，电子游戏可能会发挥些作用：电子游戏可以成为流行文化的一部分，这样年轻人就可以见到这些游戏。而用这种方式是可以解决信息搜索问题的。因为游戏采取的是浸入的、参与的模式，同化吸收的成本也会降低。这些做法都能缓解营销失败的问题。

对瓦尔丁斯基来说，另一个重要问题是去中介化。这是经济学上的一个概念，指的是去除中间商。与传统分拨渠道不同，去中介化的公司直接和顾客进行接触，通常是通过互联网进行。“你可以问问自己，‘我对陆军知道多少，这些信息都是从哪得来的？’电视节目、印刷品、电影和新闻这些媒介，传播着我们的故事。”瓦尔丁斯基说。那个时候，他觉得大多数美国人了解到的有关陆军的信息已经完全过时。越南战争之后，志愿兵役制体系中的士兵生活条件要比越南战争期间的义务兵条件好得多，但是人们对此一无所知。（例如，义务兵役制下的陆军士兵如果想要结婚，必须获得部队领导的批准，而在志愿兵役制下则无须领导批准。）事实上，对陆军的印象仍停留在过去。瓦尔丁斯基说，年轻人要是看电视的话，他们会认为士兵们依然“生活在‘傻子派尔’（Gomer Pyle）[①]式的兵营里”。他们以为，士兵不能约会，不能有自己的小汽车。而电子游戏可以把有关陆军的海量内容直接推送到年轻人的计算机上，这样有助于陆军消除这些过时的公众形象。

貌似矛盾的是，瓦尔丁斯基也想用这款游戏来劝阻那些身体素质不适合服役的人员加入陆军。他的理由也是来自于经济学：每年都有大量的新兵认为陆军并非像他们所期待的那样，所以在基础训练阶段就退出，陆军每年因此损失经费多达4亿美元。陆军中途退伍的新兵比例高达18%。考虑到每名士兵的训练成本

① *Gomer Pyle*，《高曼·派尔》或《傻子派尔》，美国20世纪60年代备受欢迎的一部战争题材的电视剧。讲述的是一个原本在加油站工作的服务员加入海军部队服役后，发生的一系列搞笑故事。——译者注

可能超过10万美元，较高的中途退伍率意味着严重的财务损失。瓦尔丁斯基认为，《美国陆军》游戏可以让年轻人“尝试体验”基础训练和实际战斗，这样可以筛除那些后期可能会中途退出的人员，避免给政府造成更大的经济损失。

有人批评认为，用市场的观点来看待年轻人、看待部队服役，会让人担忧。他对此予以反驳。“很多人会说，‘好吧，你不是瞄准的年轻人吗？’那你想让我们和谁对话？老年人吗？我的意思是，那样的陆军会是什么样子？我们理所当然要和年轻人对话，我们希望他们能够留在陆军，但是我们也希望这是对双方都比较合适的一个双向选择。”

寻找赞助商

1999年初，瓦尔丁斯基在访问NovaLogic公司之后，开始思考军队怎样才能在不必采购整个专业游戏工作室的情况下，就能获得一流的游戏。虽然他本人在陆军中地位显赫，但是他领导的OEMA并不具备独立开发电子游戏的权限或者预算。所以，他需要一个赞助商。

当时，瓦尔丁斯基的导师和上级领导，是陆军主管人事的副参谋长戴维·奥勒中将。瓦尔丁斯基关于电子游戏的想法逐渐成形的那几个月，他正在为奥勒做另一个国防部项目，这个项目旨在分析与陆军士兵结婚可能产生的财务影响（这也是瓦尔丁斯基的论文题目）。虽然这个项目占用了大部分时间，但电子游戏这个念头还是一直让他兴奋不已。最终他决定采取行动。他给奥勒指定的负责征兵的联络人基斯·阿特斯少校发了封邮件，介绍了他对电子游戏的想法，希望阿特斯能提供帮助。

阿特斯不久前刚从蒙特利海军研究生院毕业。接到瓦尔丁斯基的邮件后，他给学校的几位老师写了信，说是很想“游说他们”开发西点军校OEMA①主任提出的新“技术项目”，帮助改进陆军征兵工作。受瓦尔丁斯基邮件的启发，阿特斯写道：这个想法是“开发一款基于虚拟现实的、分布式（以网络为基础或通过网络连接）、交互自适应式游戏模拟系统，让有可能入伍的人员体验虚拟的陆军冒险经历，并根据个人能力和兴趣，在技能水平和专业领域上，不断取得进步”[5]。阿特斯指出，该项目打算大规模推销CD光盘或者在线模拟系统，“瞄准特定人群，扩大受众市场，同时对潜在的新兵进行预筛选”。

阿特斯和瓦尔丁斯基提出开发计算机电子游戏和模拟系统，这实际上延续了军队长期的研究与专业传统。在瓦尔丁斯基提出建议之前的几年间，在搭建军人世界与娱乐界之间的联系方面，迈克尔·齐达教授一直是最为努力的推动者，所以，理所当然地，他也是阿特斯邮件的十位收件人之一。

文化的冲突

经过数月内的多次会谈，以及在国防部的内部政策部门的游说，瓦尔丁斯基终于说服上级，同意由齐达在海军研究生院创建的全新MOVES研究所制作这款游戏。2000年5月，陆军部长路易斯·卡尔德拉批准把“陆军游戏计划”列入征兵倡议，成

① 此处英文中写成了经济与人力分析办公室（the Office of Economic and Manpower Analysis），应为原文作者笔误。——译者注。

为当时陆军推动的众多征兵计划之一。卡尔德拉把这个游戏计划任务下达给负责人力和后备役工作的陆军助理部长帕特里克·亨利，而亨利随后又指定负责军事人力的陆军部长帮办约翰·麦克劳林担任项目执行主任。虽然麦克劳林只是偶尔才真正参与这项工作，但是在名义上，陆军游戏计划最初几年都是由他负责监管的。

技术上讲，像《美国陆军》这样的项目应该是由陆军模拟与电子游戏办公室负责，通过陆军研发、测试与评估预算机制申请经费。不过由于有麦克劳林的帮助，瓦尔丁斯基在 OEMA 之外展开了这个项目，而资金则来自陆军部长的 VIRS 账户，即不用经过正常渠道划拨给征兵倡议项目。VIRS 资金是指每年拨款给传统征兵项目（包括给电视、广告和征兵站的拨款）之后，年底剩余的那部分经费。瓦尔丁斯基十分珍惜这种安排带给他的相对的自主性，不过他也深知这种安排的期限性：不仅 VIRS 经费数额每年都会上下浮动，而且，这些经费最终被划拨给哪些具体项目也完全取决于这些项目的所谓的“教父”。就《美国陆军》游戏来讲，它的教父是麦克劳林。瓦尔丁斯基很清楚，一旦麦克劳林消失，经费就会跟着消失了，那么这个项目也就结束了。

即便如此，从日复一日的具体工作来看，《美国陆军》仍可以看作是瓦尔丁斯基的孩子。他一直坚持认为，《美国陆军》（就像在“陆军游戏”中一样）的核心应该是基础训练和价值观培养。在这一点上，瓦尔丁斯基延续了传承良好的传统——关注和强化士兵的品行。我们之前已经提到，乔治·华盛顿本人在福吉谷地确立了士兵必须要学习《圣经》的军队制度，此举就是要提升士兵的品行和他们的读写水平。这一点深深地印刻在道德教育传统之中，并在1914年第一次世界大战爆发伊始，达到一个新的高度。那一年，在公立中学和大学教育开展通用军事训练的呼声更加高涨。军事教育倡导者认为，和一般的公立学校教育一样，军事教育可以帮助解决一系列社会问题。两位学者莱斯莉·巴特利特和伊丽莎白·卢茨写道：这其中包括消除"'道德腐败'现象，而道德腐败被认为和国家财富的增长有象征性的联系。同时，这样做也可以帮助解决大量新移民缺乏责任感和忠诚感的问题，解决罢工和其他劳资纠纷等社会无序问题"[6]。通过军事训练，人们可以被反复灌输遵守纪律、尊敬权威等思想，培养"'良好市民'的'道德品质'"和"快速的爱国主义"，把道德改良的准宗教作用归结于军队[7]，这种观点始终贯穿于杜鲁门主义和马歇尔计划，后来因为越南战争的惨痛经历，军队的良好形象才受到了沉重打击。接下来的几十年间，军队一直在努力找回越南战争之前的良好形象。只是在"9·11"恐怖主义袭击之后，这个目标才变得触手可及。为了实现这一目标，瓦尔丁斯基把《美国陆军》当作重建军队公众形象的理想工具。

为把游戏的重心定位为军队价值的培育，瓦尔丁斯基在陆军经济与人力分析办公室所在的西点军校社会科学系创立了一个红队。（在军事上，红队代表对手）。红队由西点军校政治学项目主任担任队长，政治学、国际关系和交际学的教授们担任队员。红队的任务是检查现有的反对游戏的文献，判断《美国陆军》在哪些方面最容易被人攻击。瓦尔丁斯基事先设想了可能会出现的批评声音，希望能够正确引导游戏的开发工作，避免或者减少人们的上述顾虑。

随着红队在律商联讯（LexisNexis）数据库中展开搜索，两个反对游戏的积极分子的姓名不断地弹出来：畅销书《杀戮：战争与社会中学习杀戮的心理成本》一书的作者戴夫·格罗斯曼中尉，以及佛罗里达的律师杰克·汤普森。在媒体推动下，汤普森无休无止地开展法律诉讼活动，他也因此已经成为电子游戏界痛苦的根源。汤普森采取的做法是，代表校园枪击案中丧失子女的家长起诉游戏公司。而格罗斯曼的主要观点是：电子游戏和模拟会让士兵们对杀戮行为变得冷漠。

由于心底一直萦绕着格罗斯曼和汤普森这两个人，瓦尔丁斯基、经济与人力分析办公室以及红队为《美国陆军》游戏设定了一个设计标准并将其称作“十诫”。他们十分清楚，十几岁男孩子这样的目标群体，主要是对游戏的战斗成分感兴趣，但是同时他们也认识到，这些内容并不会成为面向公众的卖点。因此他们决定着重强调游戏中，陆军所关注的“附带条件”，而并非宣扬随意地使用武力。瓦尔丁斯基说：“对陆军来讲，首要任务是在陆地上作战。这一方面要求我们运用暴力去完成任务，另一方面，也需要我们有控制地使用这种暴力。我们要把这个实情编入游戏之中，这就是陆军的实际面貌。”这就是瓦尔丁斯基眼中《美国陆军》游戏的关键属性：游戏中使用的暴力，正是美国的“信誉和名声”所支持的。

除了有条件使用暴力外，OEMA 为游戏设定的主要标准是要考虑“国际敏感性”。正因为这一点，OEMA 最初在设计游戏的反派时绞尽脑汁。瓦尔丁斯基回忆道，“‘9·11’事件基本上为我们解决了这个问题”，但是如何来描述基地组织仍然面临着挑战。他说：“（我们）本可以选择典型的阿拉伯长相的人员，但是我们不能这么选，因为基地组织人员并不都是阿拉伯人长相，他们中也有瑞典人、索马里人。所以，我们设计的坏人必须看起来和普罗大众没有区别。”

另一个相关问题是：游戏中敌方由谁扮演。瓦尔丁斯基认识到：“如果玩家扮演的是敌人角色，我们就没办法像希望的那样，用行为规则和标准来约束玩家。”因此，OEMA 和红队决定，用户只扮演友军。《美国陆军》做出了商业游戏前所未有的动作，它采用了镜像的处理方法，玩家们会发现他们自己和队友都是美国人，而游戏的其他用户则看起来是敌方人员。

“要是不想让政客们和将军们烦我们，我们就得把基础训练和陆军价值观作为重点，”瓦尔丁斯基告诉齐达，“陆军并不是要做第一人称射击类游戏的生意。”在制作一个什么样的游戏方面，瓦尔丁斯基和 MOVES 有根本性的分歧。从玩家的角度看，基础训练很无聊。在电子游戏中谈价值观，也会让人觉得无聊。在 MOVES 工作的人都是硬核游戏玩家，他们强烈认为瓦尔丁斯基是错误的，在他们看来，动作因素应该优先于价值观，否则没有人愿意玩这个游戏。齐达聘用了从麻省理工学院毕业的迈克·卡普斯负责研发团队。卡普斯在计算机图形设计和虚拟现实方面有多年的经验。按照卡普斯的想法，MOVES 团队需要设计一款可与《反恐精英》《半条命》或者《虚幻竞技场》相媲美的游戏，换言之，不仅要有高质量，也要好玩，然后再把军队要传递的信息插入到其中。卡普斯向瓦尔丁斯基指出：“如果我们采用的路线是‘让我们先设计确定陆军要传递的信息，然后再想想怎样才好玩’，那么这款游戏就注定要失败。”

除了迈克·卡普斯，齐达的团队还有一位在商业游戏界从业近十年的创意主任亚历山大·梅伯里。[8]另外，陆军还指派乔治·朱蒂夫中校担任设计顾问。齐达称赞朱蒂夫做了必要的工作，使这款游戏最大限度地带给人们陆军的真实感。与此同时，齐达领导的MOVES研究院提供了稳定的研究生来源，他们承担起从精简图形算法至渲染式心理动态分析在内的各个领域的研究工作。

卡普斯挑选了英佩游戏公司（Epic Games）广受赞誉的《虚拟引擎》游戏作为技术蓝本，团队将在其基础上打造陆军版本的游戏内容。通过海军研究生院的承包办公室，卡普斯团队花费50万美元采购了这款游戏引擎的使用许可权。《虚拟引擎》是游戏界公认的世界一流游戏，因此MOVES和瓦尔丁斯基都认为这一举动可以提高陆军游戏的可靠性。

经过漫长的讨论，游戏开发人员和瓦尔丁斯基终于就游戏细节达成一致。开发人员努力在游戏的真实度与玩家的享受度之间取得平衡。例如，游戏中的一个任务是破坏一个无线电天线塔。现实生活中，突击队员只需把天线塔炸毁即可，但是这样做并不适合游戏模式，因为这样的话，任务结束得太快。相反，开发人员设计了一个新的任务，游戏玩家需要识别友军，与敌对叛乱分子作战，保护非政府组织的工人，直至通讯专家成功破坏天线塔。

瓦尔丁斯基拒绝了开发人员好几项任务提议，认为这些任务缺少军事的真实性。反过来，开发人员因为技术原因，也放弃了瓦尔丁斯基想要的几个效果。例如，游戏中有跳伞的内容，但最初在海滩上跳伞的想法不得不被放弃，因为要准确模拟水的状态，对硬件的要求非常之高。因为同样的原因，在游戏中使用绳子的想法也被束之高阁。

到 2000 年 5 月，瓦尔丁斯基和开发人员达成一致意见，游戏采取十级模式。在朱蒂夫中校带领下，MOVES 团队立即开始拜访全国各地的陆军单位采集数据。最终，他们一共走访了 19 家单位。他们参观了波克堡的步枪射击场，拍摄了刘易斯堡的武器照片，观察了本宁堡的室内清除行动。在游戏中出现的所有内容，要么有照片，要么有录像。他们还采录了数千个声效。有些更勇敢的开发人员，甚至完成了塔跳动作，心甘情愿地被狗攻击。有这样一个值得铭记的插曲：MOVES 团队搭乘一架黑鹰直升机深夜飞行，而此时地面上正在进行对地实弹炮击演习。这些经历不仅为游戏提供了素材，同时也让游戏开发人员间接感受到了真正的军事行动所带来的紧张刺激。过去，游戏开发人员的生活通常是连续数日蜷缩在显示器前，而这一次却与以往大不相同。

为了确保游戏动画制作的真实效果，开发人员为士兵安装了动作捕捉传感器。然后他们拍摄士兵按照军队守则完成各种动作的画面，比如投掷手榴弹。（结果非常精确，以至于人们后来一直使用这种方法训练西点军校的学员。）当然，也并不是所有的结果都会直接运用到游戏之中。开发人员觉得，假如游戏中的角色，跑步速度和人类真实的跑步速度相当，那么这种相对缓慢的节奏会让玩家统统掉头走掉。在几个例子中，动画设计师都要删除或是精简某个行动，以便吸引游戏玩家继续玩下去。为达到这一目的，开发人员对视频逐帧筛选，找出需要视线关注的关键时刻，然后将所有中间过渡性的动作全部移除。这样，加速后产生的效果就像是翻页的动画书一样，眼睛看到的是一个连续的运动场景。

海军研究生院运筹分析系和系统工程系的副教授罗素·希林负责 MOVES 团队的音响设计工作。他曾花费数年时间咨询好莱坞的顶尖音响设计师和工程师。在 MOVES 期间，他关注的是听觉心理物理学。受个人经历启发，希林想让这款游戏拥有最具感染力、最精细并且在过去的第一人称射击类游戏中从未有过的音效。

为了找到实现这一目标的方案，希林和他带领的研究生学员们启动了一项雄心勃勃的研究计划。他们想更详细地了解，在游戏中声音怎样激发出现场感和感染人们的情绪。他们想知道这种声音能否改进玩家执行记忆相关功能的方式。为找出答案，他们采用了各种方法，包括测试玩家在听到某种声音线索时心率和呼吸的变化情况。

此外，希林和他的学生还对专业图书馆做了彻底搜索并寻找出了相关的声效。例如，在游戏中进行武器发射的时候，子弹（或者在某些情况下，也可能是手榴弹）射出时伴随着复杂的多层次的声响：弹壳叮叮当当从墙上跌落，子弹从耳边呼啸而过，玻璃杯落在地板上爆裂破碎，手榴弹爆炸后产生的耳鸣。

MOVES 团队还竭尽全力提升游戏的物理逼真程度，使其远远超出多数时下最为流行的商业射击类游戏。在《美国陆军》中，随着虚拟化身的一呼一吸，步枪也会随之轻轻晃动；除此之外，枪支开火时还会产生明显的后坐力（甚至有些时候枪支会卡壳）。子弹射出之后，根据武器类型和口径，子弹可能会深深射进木头、土砖或者土地，也可能在金属表面反弹开，和现实中的情形一样，化身到目标之间的距离因素也要在玩家的考虑之列。

齐达和他的团队希望这些物理因素能够影响到玩家在游戏中

的决策。例如，玩家很快了解到，如果近距离引爆闪光雷，可能会导致他们短暂的失明和耳聋；要是在移动中离墙壁太近，可能会被反弹的子弹击中；要是一边奔跑一边快速射击（和稳稳地站着花时间瞄准相比），射击成绩就会比较差。要明确说明的是，如果发生向友军开火的意外，游戏中的玩家就需要接受处罚。

虽然 MOVES 团队谨小慎微，但在创作游戏的两年时间里，开发人员和瓦尔丁斯基之间依然是矛盾不断。瓦尔丁斯基坚持认为游戏设计标准应以陆军价值观为核心，而双方的矛盾多数也与此有关。“我们不能只是在游戏的后面立起个布告板，写上这些价值观，然后就说任务已经完成。”他告诉齐达和卡普斯，“我们要用某种方式来表现这些价值观，展示它们为什么重要。”瓦尔丁斯基给他们列举了几个想在游戏中加入的任务：“要设计这样一个基础的训练场景，玩家有可能会在此犯错，然后游戏再向他们展示为什么那样做是错误的。”比如，瓦尔丁斯基对团队讲，如果游戏玩家想在游戏中成为一个医务兵，但是在基础训练中参加医疗考试时，他们决定作弊偷看别人的答卷。那么，等他们上了战场，要负责救治受伤的士兵时，就会发现，由于在基础训练中作弊，他们此时并不具备完成任务所需的技能，其他的玩家也就会知道他们的技能不合格，不值得信任。

瓦尔丁斯基也想在游戏中展现勇士精神的内在矛盾：一个声音说，“不要丢下倒下的战友”；另一个声音却在说，“任务第一”。他指示 MOVES 团队开发一个场景，其中玩家为了完成任务，可能不得不丢下受伤的或倒下的战友。“这些才是让我们成为美国陆军的内容，”他告诉齐达和卡普斯，“这些才是让我们这款游戏与众不同的东西。在《幽灵行动》或是《光环》游戏中，我们是看不到这类东西的。”

瓦尔丁斯基和MOVES团队之间这种反反复复的争论，在游戏首发之后还在继续。瓦尔丁斯基想给游戏增加一些额外的非动能（也就是和战斗无关）场景。在他看来，开发人员仍没能对陆军价值观给予足够的重视。他依然担忧，《美国陆军》可能只是被当作普通的第一人称射击类游戏。为了避免这样的印象，他希望游戏应该增加展现空降学校的场景，玩家可以学习如何成为伞兵，这样既好玩同时又是非战斗性的。但是，MOVES团队想要增加的却是狙击手学校场景，这对十几岁的男孩子可能更有吸引力。而瓦尔丁斯基觉得，“狙击手”一词在平民世界中有负面含义，会让人联想到躲在钟楼里向无辜人员射击的形象。在陆军，狙击手其实只是高级射手，但瓦尔丁斯基觉得媒体和公众可能会忽视这点区别。开发人员坚持认为，把这个场景称为“狙击手学校”的话，有利于提升游戏娱乐性。瓦尔丁斯基最终还是妥协了。他说：“好吧，我们就加上这个场景，但是要叫作‘高级射手学校’，而且必须排在空降学校之后。”

开发人员最终做出了反击：“高级射手学校”刚一发布，他们就在游戏网站的讨论中将之称为“狙击手学校”，玩家群体也很快采用了这个名称。

游戏开打

到目前为止，《美国陆军》游戏已经发行了好几版。下面我们来认真看看可能是最受欢迎的版本（该版本为Xbox开发）：《美国陆军：真正的士兵》。和游戏的其他版本一样，《真正的士兵》也是第一人称游戏，包括 9 个环节的单人训练任务，以及 9 个环节的团队任务。这些练习需要花费几个小时完成，之后才能在 Xbox Live 游戏上实现多玩家功能。

游戏真正玩起来后，和大多数第一人称射击类游戏相似——射击、机动、寻找补给（供应包、医疗包），然后再继续。游戏的右下角是一个地图。不过，和大多数第一人称射击类游戏不同的是，《美国陆军》使用了异常多的文本。除了游戏的说明，操作手册还有大量的文字，把玩家当作新兵来对待。比如，下面几段文字，都是按照瓦尔丁斯基的想象编写的：

> 1775 年 6 月 14 日，大陆会议创立了大陆军，在美国独立战争之后，成为美国陆军。在过去两个世纪中，美国陆军与数百万士兵在核心价值观指引下为美国服务。这些价值观是忠诚、尽职、尊重、无私奉献、荣誉、正直和个人勇气。一直以来，这些价值观是美国武装力量中最为弥足珍贵的组成部分的基石，指引着这支力量保卫着美国的全球利益，为国家赢得战争。
>
> 在人员、尖端装备、基础设施和训练设备方面，陆军是美国四个军种中最大的军种。它把有才华的陆军士兵与尖端科技结合在一起，训练出世界上最强大、最受尊重的军事组织。美国陆军拥有的飞机数量超过美国空军，拥有的水面舰船数量多于美国海军，完成的两栖作战任务数量超过美国海军陆战队。全国 90% 以上的特种作战部队在美国陆军。鉴于美国陆军如此重要、如此庞大、技术含量如此之高，我们欢迎最优秀、最聪明的年

轻人加入陆军，为国服务，增强头脑，健壮体魄，磨炼性格。

《美国陆军：真实的士兵》是美国陆军唯一一个为Xbox 360制作的官方游戏。游戏每个制作环节均与美国陆军士兵合作，并经过他们的测试。任何游戏都无法完全复制士兵在美国陆军中服役的全貌，但是《美国陆军：真实的士兵》真正洞悉了陆军士兵的生活与成功……通过这一体验，不论是个人还是虚拟的士兵，你都能获得成长和进步。作为《美国陆军：真正的士兵》游戏中的一员，你将有机会赢得尊重，获得荣耀。所以，请做好接受游戏挑战的准备，做好成为一个“真正的士兵”的准备。

打开游戏时，伴随着起床号的声音，《美国陆军》图标出现。图标下方，随着霰弹枪扳机扣动的声音，一行文字缓缓出现：“强大自我，保卫自由”。之后菜单页面出现，在点击“基础战斗训练”按钮后，就会看到一个滚动列表，列表用小段落描述了每一项训练任务，包括下列内容：

M9训练

约翰逊上士将向你介绍M9手枪的操作方法和功能。然后你可以练习使用该武器进行射击，之后参加基础资格测试。

M24 训练

约翰逊上士将向你介绍 M24 狙击步枪的功能。然后你可以练习使用该武器进行射击，之后参加基础资格测试。

M203

埃尔南德斯上士将向你介绍 M203 榴弹发射器的功能。然后你可以练习使用该武器进行射击，之后参加基础资格测试。

M136 AT4 训练

埃尔南德斯上士将向你介绍 M249 班用自动武器的功能。然后你可以练习使用该武器进行射击，之后参加基础资格测试。

障碍科目

练习个人运动技巧，学会在移动中射击。

城市地形军事行动训练科目

在城市地形军事行动训练科目中，学习基础的小组和班的移动方法。

除了最后两项基础训练练习，其他的训练都采取了同样的模式：训练者置身于一个室外射击场，周围小山环绕，灌木丛生。小鸟在啁啾着，远处的射击场不时传来阵阵枪声。一个牌子上面写着：“军事射击场，闲人免进”。

三位不同种族但一样粗暴的军士站在清空的沙地上，其中一人拿着一件武器，详细介绍着在陆军中这种武器是如何被使用的，并告诉你在游戏中应该如何使用。军士讲话的时候，你是没法移动或是做其他动作的，哪怕已经听过一遍，你也没办法快进或者跳过。在这个场景中，声音和图像会稍有些不同步。

听完军士的介绍，游戏会指示你从附近的桌子上拿起武器，然后进入两个射击场中的一个。在其中一个射击场，你可以练习对目标的射击。目标通常是随机弹起或落下的绿色小型人形靶。在另外一个射击场，游戏要测试的是你操作步枪的能力和知识。要是没有通过这个级别的测试，就没法进入下一个级别的训练。

要是你从射击场里走出来，军士就会朝你大声嚷嚷，“返回你的训练场！”，或者是“我给你下过命令了！”，如果你不理军士继续瞎逛，那么你的任务就失败了，训练将会突然结束，荣誉分数也将会减少，而这将会拉低你的总成绩。大多数时候，要是你拿枪指着指挥官，枪就会从你的手里消失。要是你确实射了指挥官一枪，同样，任务将会失败，荣誉分数也同样会有所减少。

最后两个训练科目是障碍和城市地形军事行动训练，与此前的模式有所不同。在障碍科目中，你要一个站点接着一个站点地跑向监督者，需要翻过原木，全速通过绳桥，机动穿越射击房（一个 360 度的实弹射击场），给一个同事施加急救，爬行穿过低绳网，同时使用各式武器进行射击。

城市地形军事行动训练是最后一个基础作战训练，也是第一个需要和团队一起完成的科目。和常见的电子游戏一样，玩家要和队友穿越一座废弃的小镇，同时向各种敌人开枪射击。这些敌人都是头上有红色标记的坏人。因为这是个训练练习，所以并不使用实弹。被击中的那些人（都是男性），会绷着脸生气地坐在地上。这节科目的战略目标是：跟随军士登上一座钟楼，在那儿击中一个狙击手后，抵抗来袭的敌人，保卫整座建筑。

一旦完成基础战斗训练，你就可以进入战争游戏了。战争游戏一共有 8 个任务，目的是让玩家熟悉步枪兵、自动步枪兵、狙击手和榴弹手等不同角色。每一项任务的完成时间都限定在 30 分钟之内。

第一个任务“灰狼行动”发生在一个土路交错的小村庄。一名军士将会带领四名队员组成的小队来到这里。作为队员，你的目标是射中在这一区域内占据几个机枪检查点的敌人（再次强调，没有人员死亡，被击中的人员只是坐在地上）。这里也没有平民。

在任务进行的不同节点上，军士会嚷嚷着给出一些警告，又或者是鼓励、指示。比如，“别自以为是”，“不错，很不错”，“这里好像有点不对劲”，“这真是个难题”，“好吧，大家各就各位”，“眼睛睁大点，注意敌情”，“找到你的任务区”，“干掉目标”。

如果你被射中了，就必须得坐在地上。只有在得到队友的急救后，才能继续移动。要是你和其他队友全部“阵亡”，那么任务失败，得重新开始。

除了重视基础训练、阻止友军误伤外，《美国陆军：真正的士兵》与商业竞争对手最大的区别在于其“额外”特色，这种特色是专门针对征兵设计的。游戏包含的内容繁多：有对陆军核心价值观的介绍（用一个星期接着一个星期的时间，描述陆军基础训练规则），有一套应征入伍的要求，有一系列士兵和军官军衔，有大量的陆军小知识（比如“士兵最多可以得到7.29万美元的大学经费”），有对陆军中数十个工作岗位的全面描述，还有对包括弹药类型、弹夹容量、发射速度等各类武器信息的描述，以及28个在陆军服役或者相关人物的视频，其中包括了一名狙击手、一名飞行员、一名医生和一位“陆军妈妈”。

产品多样化

2002年7月，第一版《美国陆军》正式发行。此后两年间，虽然用户在线时间日均超出了100万小时，OEMA与MOVES的关系依然持续恶化。2004年3月，紧张状态达到顶点。瓦尔丁斯基和OEMA指责MOVES在财务上有不当行为，因此把游戏项目从这所学校中撤出，搬到两处由军方控制的地点。

完全接管游戏后，OEMA立即签约知名游戏公司Ubisoft，请其发行商业版本的《美国陆军》（这也正是《美国陆军：真正的士兵》最初的来源）。OEMA非常精明，在商业版本发布之前就注册了《美国陆军》的商标，和“美国陆军官方游戏：强大自我，保卫自由”的品牌口号。

与此同时，为了提升游戏的长期生存能力，从大规模的使用和开发中获益，瓦尔丁斯基和OEMA决定丰富产品类型。《美国陆军》只与征兵有关，因此事实上OEMA只有一个类型的客户。这样一来，核心问题就是扩展顾客群体。OEMA决心开发一款不公开的，面向政府部门的游戏版本，这样就可以用于培训、军事以及其他目的。于是，瓦尔丁斯基找到了位于亚拉巴马州亨茨维尔的红石兵工厂下属的软件工程局。软件工程局是陆军航空与导弹研究发展工程中心的一个单位，在开发复杂武器系统训练器方面历史悠久。

随着游戏不公开训练版本起步，征兵版本也开始向公众开放。瓦尔丁斯基解释说："有人说征兵游戏中不需要女兵，因此设计女兵形象不太好。但是，在现实情况中，医疗人员很可能是女兵，而且，特工部门也可能需要一位女性形象。所以，我们会为他们设计一个女性形象，然后添加到公开游戏版本之中。我们的管理原则是：游戏设计完成后，我们全权拥有游戏。换句话说，我们可以使用这款游戏，因此游戏质量一定要足够好，这样才能再放到征兵版本中。"

过去几年间，《美国陆军》训练版和征兵版一样广受欢迎。美国中央司令部、特种作战司令部、特工部门、陆军参谋长、美国陆军学会、肯尼迪特种战中心和学校、打击恐怖主义中心以及第七军等，数十个军方和政府机构都选择了这款游戏作为训练工具。此外，还设计了针对不同装备的游戏订制版，比如针对背包机器人和"塔隆"（Talon）机器人、"乌鸦"（CROWS）武器系统、"标枪"（Javelin）导弹系统和改进型目标采集系统的专门版本。价格可承受性是主要考虑因素。正如防务专家彼得·辛格所指出："开发游戏的训练模块只需要6万美元，但是通过这个模块，可以把战争中机器人的操作水平提升到一个全新的层次。"[9]

《美国陆军》之后的日子

经过这些日子，瓦尔丁斯基对MOVES团队的想法日益成熟。他说："游戏开发人员很像是艺术家。你不用告诉他们怎样去画这幅画。你可以拿给他们一幅描绘瀑布的画，告诉他们‘我们要画瀑布’，但是不用告诉他们选择什么颜色，瀑布要画多高，不用说这样的废话。画画是完全不同的文化，有不一样的目标、功能和规则。他们想要开发出世界上最了不起的游戏，要么图像最棒，要么效果最逼真。和很多游戏制造商相比，我们的人手要多很多。”

《美国陆军》让迈克尔·齐达跳出了海军研究生院，进入了游戏界。现在他在南加州大学建立了自己的研究实验室，名为“Gamepipe”。他说：“《美国陆军》最让我引以为豪的有好几件事，但首先我要说的是，这是一款真正有意义的严肃游戏。教育类游戏有很多，但是《美国陆军》是第一款能让人说，‘哇，这样的严肃游戏也能让人觉得好玩，还能成为热门。’正是由于《美国陆军》的成功，国防部决定使用游戏开发商，而不是承包商，来开发下一代训练和模拟系统。此外，这也是陆军有史以来打造的最划算的征兵手段。”

虽然瓦尔丁斯基对这款游戏非常满意，但是参加这一计划期间的经历，至今仍让他百感交集。在西点军校斯克水库后面，树木林立的宁静街道尽头是一座三层的红砖小楼，这是瓦尔丁斯基的家。他从陆军退役几个月前，我在他家充满阳光的客厅里和他有过对话。窗外和他家相邻的是殖民时期的石头炮台遗址。瓦尔丁斯基的目光越过炮台，告诉我 2002 年到 2009 年间，大约 60% 的时间他都在与国防部官员们斗智斗勇，努力争取让这个游戏项目和其相关的性能能够保存下来。2005 年，由于项目的压力，他的心脏出了状况，差点没了命。毕竟，按他的话说，游戏根本不是他的日常工作。当时，他每周要做 6 个小时的 OEMA 主任工作，而《美国陆军》是额外的不带薪任务，每周他要为此多工作50多个小时。

2009年从陆军退役之后，瓦尔丁斯基接受了一份新的工作，在科罗拉多州的奥罗拉担任公立学校系统的首席财务官。2011年秋，他成为亚拉巴马州亨茨维尔市学校的督学。《美国陆军》训练版的管理部门目前就设在这个城市。9个月后，家庭教师协会亚拉巴马州委员会提名瓦尔丁斯基为“年度杰出督学”。

注 释

1. Singer, “Meet the Sims.”
2. McHugh, “Army Rolls Out Big Guns,” 22.
3. Ibid.
4. Tversky and Kahneman, “Availability,” 207.
5. Keith Hattes e-mail to Michael Zyda et al., “Research Initiative for Army Recruiting,” Sept. 3, 1999.
6. Bartlett and Lutz, “Disciplining Social Difference,” 122.
7. Edwards, *Closed World*, 10.
8. Davis et al., “Making America’s Army.”
9. Singer, “Meet the Sims.”

第五章

战争之外，皆是模拟

在奥兰多有一家游客爆满的酒店，平时，来入住的人基本都是要去迪士尼世界游玩的游客。但是，每年春天总有那么几天，酒店会接待差异迥然的两类客人：一类军人气质明显，身着丛林绿迷彩服；一类则是穿着皱巴巴的卡其色裤子，面色苍白、留着马尾辫的电脑怪才。酒店有着橙红色的外墙、数不清的棕榈树，以及位于巨大的环形水池上的人工瀑布。防务世界的技术精英们就是在这样一个古怪的环境中，举行每年一次的聚会。不过，当穿过酒店人声鼎沸的会展中心玻璃大门之后，迎面而来的却是一个个熟悉的名字：安特翁公司（Anteon）、波音公司、通用动力公司、洛克希德·马丁公司、雷神公司。在大厅另一头的一间间会议室里，军事官员和国防工业部门的代表们集聚在一起，参加关于军队中最流行的游戏和虚拟训练设备的展示活动或讲座。在巨大的展览厅里，国防承包商兜售着他们最新的电子产品。不过，在这次特别的会议上，没有展厅辣妹出现，没有扫射的聚光灯，互相竞争的展销商之间的吆喝声也没有要盖过对方的意思。按照此前多次军事会议的标准来看，这次会议顶多只能算是个“小城镇”规模。尽管旁边经过的人不断地过来打招呼问好。但要想和活动幕后策划者聊上一会几乎是不可能的。当然，这里可不是梅伯里社区，参加会议的人员，不论是来自军方、工业部门还是学术界，他们可都是推动国防部游戏性训练模式转变的领军人物。

我们说的这个大会就是国防游戏技术大会，它是陆军游戏与模拟办公室的主意。PEO STRI 是个负责采购和合同的外包组织，主要职责是根据陆军的需求来指导产品开发，管理训练系统的部署。每年这个办公室花在产品和服务上的开支超过 35 亿美元，其中大多数都是外包给商业公司。PEO STRI 为了显示对商业的重视，办公室当前采用的格言是：“把模拟的力量交到战士手中”，这条格言明显带有企业品牌宣传的印记。过去的格言“战争之外皆模拟”，突出的是办公室在军事－企业中的作用。PEO STRI 位于佛罗里达州不断扩张的高技术走廊中部，紧邻多家军事承包商，以及沃尔特·迪士尼世界、未来世界和国际影城等娱乐热点，这让办公室受益不菲。海军、空军和海军陆战队的各自虚拟训练和模拟办公室也都设在附近。

国防游戏技术大会宣称其目的是，倡议在国防部使用电子游戏和电子游戏技术，为国防部人员提供亲身在游戏性训练中学习的机会。在最近一次大会上，我观察的几个座谈小组、我访问过的官员，他们的言行都强化了拉尔夫·查塔姆和丹·考夫曼之前的观点：军队已经开始到游戏中寻找帮助，以解决士兵将不得不面对的出其不意的新任务。一位国防部前官员对我说：战争总是在我们最不期待的时候爆发，而随后，在战争的大部分时间中，军队都在努力追赶这种变化。在大会的展商大厅中，大多数承包商都采用了拉尔夫·查塔姆的战术语言与文化训练系统计划的新型或是改进型，即教会士兵与当地民众打交道的游戏。富兰克林·埃斯特派利亚特上校是PEO STRI负责合同战术训练器的项目经理，他这样向我描述发生的变化："冷战期间，要学习如何与当地文化对接的是高级领导者，因为这是冷战期间一贯的做法。但是现在，在当地省份作战或是与当地部落交流的，是位于行动最前端的列兵和士官。所以，必须要给他们提供适当的文化训练、民事训练和战术训练，而这些训练我们过去不一定提供。所以我们必须要把训练拓展到尽可能低的级别，而游戏让我们得以扩展这类训练的范围。"

目前PEO STRI的采购计划名为"训练游戏"，其重点是《虚拟战场2》（简称VBS2）。同《美国陆军》游戏中部分的行动内容一样，VBS2是一款战场模拟游戏，在游戏外观和感觉上与商业上的第一人称射击类游戏类似。这款游戏是陆军"纪录保持项目"，也就是说在被其他游戏替代之前，陆军将会一直使用它。（海军陆战队也采用了VBS2游戏，主要是作为火力支援组的训练器。）通常陆军的纪录保持项目会持续20~25年，由于电子游戏产业创新速度的加快，"训练游戏"项目持续时间没有超过5年。实际上，PEO STRI目前正在申请投标VBS3游戏。埃斯特派利亚特上校说："我们一直在努力增加新内容，更新当前的游戏引擎，使其在技术上与时俱进。但是游戏是价值数十亿美元的产业，我们只是抓到了总体实力的表面。现在我们正努力利用从陆军要到的微薄资金，去获得更大的实力。"为了落实这一战略，PEO STRI 把陆军花费 1000 万美元购买的 VBS2 也用在了其他项目上。例如，该办公室发起了一个名为“步行士兵”（Dismounted Soldier）的新产品线，目的是建造一个 360 度的虚拟训练器。负责开发这个产品的“智能设计”公司，正是依赖 VBS2 的游戏引擎来驱动这个训练器。

在国防游戏技术大会上，VBS2 是人见人爱的“酷爱派饮料”。在产品演示、小组座谈以及访谈中，军方官员和国防承包商等都高度评价了这个项目。VBS2 现在是军队使用最为广泛的电子游戏，在陆军和海军陆战队中使用的比例都足足有 50%，鉴于此，有必要认真考察一下 VBS2 的细节。设计 VBS2 的目的是制订任务训练和演练计划，并提供相关教育，因此除了以训练“领导力”为中心的军官职业课程外，系统中还包含了语言培训、文化培训和医疗培训。虽然游戏的图形设计没有达到当前商业热门产品的水平，但是其逼真程度还是足够吸引用户的。在 VBS2 系统中，用户可以选择他们在战斗中会遇到的各种情景，操纵游戏中的化身在地面、空中甚至海上做出行动。

管理人员（高级军事人员）事先从庞大的数据库中选择人物角色和目标，设定场景，在训练期间，他们也可以在战术行动中心观看和进行干预。最引人注意的一个改进是，游戏中加入了地理数据库。因此，在美国本土接受训练的士兵可以获得他即将部署的海外地点的数据信息，在还没有到达海外之前，他就可以获得具体地点的建筑、道路和周围环境信息。战区指挥官和士兵也可以将他们刚刚经历过的战场情景（比如遭遇简易爆炸装置袭击或者是被敌人埋伏）信息，输入到系统之中。96 个小时之内，远在美国的士兵就可以使用这个新场景，从而确保在他们还未部署到海外之前，就能够获得地方部队的最新战术信息。除此之外，PEO STRI 还招募了从阿富汗和伊拉克归来的老兵，请他们根据个人的战场经历来开发游戏场景。

VBS2 记录了玩家的行动，因此管理人员便可以就此展开评估环节，这也被称作“行动后回顾”。领导者可以带领士兵重新回顾整个场景，指出他们哪些地方做得对，哪些地方做得不对。然后士兵们可以继续进行新的场景训练，提高他们需要改进的技能。“只有从头到尾做一遍行动后回顾，模拟才能算得上是训练。”埃斯特派利亚特上校说，“训练之所以成为训练，是因为你可以获得反馈，知道什么地方做对了，什么地方做错了。”VBS2 同时还记录了游戏期间士兵之间相互通讯的声音。埃斯特派利亚特认为这个功能特别重要，尤其是当士兵企图否认自己错误的时候。“‘那不是我’，他们会这样说，但是记录的声音显示就是他们。”

游戏的另一个突出特点是管理者享有的灵活性。管理者可以在线下编写任务，在训练开始前设定场景，同时还可以实时进行任务编写，这样他们就可以在训练环节施加干预。管理者也可以从各类共享的数据文件中选择地形，这样就可以创造出和任何实际地点一样的虚拟世界。（为了演示这个过程可以多么快速地完成，波希米亚互动工作室在击毙奥萨马·本·拉登的突袭行动几天之后，就发布了一款模拟本·拉登在巴基斯坦阿伯塔巴德住处院落的可探索的 3-D 游戏。）

此时此刻，VBS2 收录的数据库中，已经拥有 400 多种军用和民用车辆，代表至少 5 个国家的军队、新闻机构和民事部门的数百名人物类型，数十种武器，不胜枚举的动物、标识、建筑、自然物体，以及闹钟和易拉罐等私人物品。在最新版本中，游戏人物的表情和体温都会有所变化，潮汐情况符合所在地点的经纬度，星空的位置也十分准确，此外，通过面部表情编辑器，人物脸部的表情也变得更加细腻，而光照的效果又可以模拟出夜视和光盲的情况。游戏一次可以覆盖的地理面积多达 124 平方英里（约 321 平方千米），可以容纳 256 个玩家同时在线。此外，游戏采取了开放的平台形式，这就使得战场上的士兵可以接入最新的战场数据，就像拉尔夫·查塔姆的 DARWARS 功能一样，令游戏享有很高程度的灵活性。2010 年起，用户输入信息已经增长了 1200%。

美国陆军研究所对 165 名士兵的使用情况做了一项研究，发现“训练产生了积极的影响，刚刚进入团队的陆军士兵们团队协作的能力得到了快速提升，能够明显感受到整个团队、任务和其他团队成员对他们的吸引力增强”[1]。在这项研究中的士兵们都感觉到，在接受训练后，执行战术护送行动的准备更加充分。

除了美国陆军研究所的研究之外，军方没有什么其他的硬数据来证明游戏是否对战士的心理和情感产生和战斗能力提升一样的影响。“我们还没有开展任何正式的、让人满意的分析，”PEO STRI 训练游戏项目主任莱斯莉·杜鲍告诉我，“就是因为这一点很难分析。所以我们没有什么硬数据，关于 VBS2 到底效果怎样，我们只掌握一些道听途说性质的数据。”例如，海军陆战队排长罗伊·菲什中尉报告称：“真正作战游戏中的尘土、灰尘、高温，以及无法避免的压力感，都是无法模拟的，但是我认为 VBS2 已经非常接近阿富汗的真实场景了。”[2] 菲什于 2008 年第一次接触到 VBS2，当时他正在北卡罗来州勒琼兵营接受训练。他坚持认为：这个游戏在阿富汗挽救了他手下士兵的生命。“每一次我们走到安全线外，应对简易爆炸装置，或者是小武器火力的时候，最终都会用到我们在 VBS2 中学到的内容。”他这样说道。部队完成一轮 VBS2 训练后，他继续说道，士兵们“从头到脚都是汗。游戏如此逼真，让人惊叹。游戏的地形和实际情况也完全一样”。

不只是游戏

为了弄明白 VBS2 训练在实践中效果如何，我走访了肯塔基州坎贝尔堡。这里是美军“啸鹰”101 空中骑兵师的所在地，从 2011 年初起，金纳德战斗训练中心的尖端虚拟训练设施（Virtual Training Facility，简称 VTF）也设立在这里。VTF 位于空中突击大街，大楼的简单砖体外墙让人很难想到里面所有的一切都是和技术有关的。不过，进入大楼后，就会看到一个没有窗户的教室，摆放着一排排的桌子，上面安放着电脑。教室很大，足以同时容纳一个连上百名的士兵。穿过大厅就是战术行动中心了，规模比教室要小一些，但是同样摆放着电脑，还有一个数字投影系统和一个音响系统。在这里，指挥官和管理者可以对教室中的训练进行管理（比如在训练流程中增加一些“真人秀”之类的内容），而同时又不被训练者看到。建造 VTF 只花了区区的 75 万美元（按照军队的标准看）。101 师的士兵在被派往阿富汗之前，会在这里花上最多一个星期的时间接受训练。

在 VTF，我见到了虚拟小组组长亚当 · 威廉斯和“野兽”杰夫 · 杰克逊。威廉斯曾是个海军陆战队队员，现在为国防承包商 SAIC 工作；杰克逊过去是个军事训练教员，喜欢交际，肌肉发达，头脑敏捷，带着浓重的，甚至偶尔让人听不懂的南方口音。他们都是既严肃，又爱开玩笑的人，这对他们电子游戏军事训练员的角色倒是很有帮助。

根据指挥官意愿的不同，有些单位的 VBS2 训练会持续到外派海外前的最后一天，也有的单位可能在训练周期初期，就完成 VBS2 训练（有些部队甚至把 VBS2 带到海外驻地）。在 VTF 具体训练阶段开始之前，连长们会在战术行动中心与威廉斯及其技术人员会面。这些连长们会告诉威廉斯他们具体想要的训练重点，以及应该选择的阿富汗或伊拉克的具体场景地点。多数指挥官会选择护送行动和步行行动，包括面对小武器火力打击，体验近距离或远距离被包围，应对伤员的请求支援或医疗撤离，处置简易爆炸装置袭击，请求拆弹小组支援等等。有些指挥官甚至不惜花钱聘请阿富汗的翻译人员，作为游戏中的角色一起参加训练环节。杰克逊给我讲解如何使用键盘，之后威廉斯和他的小组在 VBS2 上设置出了一个合适的场景（或者是多个场景）。

要是某个场景或者设置特别有创新性，那么威廉斯也会把它放到针对陆军教官的陆军训练网站上。他说："最好的内容要放到网上去。嗨，刘易斯堡怎么样啊？德拉姆堡怎么样？每一个地点都关注着不同的内容，如果把内容放到网上去，每个网站关注重点都不相同，这样会真正帮助我们不断成长进步。我也问问布拉格堡，看看他们是怎么使用 VBS2 系统的，问问该系统有没有发挥作用，或者说，他们有没有什么情景是可以和我们共享的？"

当一个连的士兵坐在电脑前面开始训练环节的时候，杰克逊开始介绍键盘上的功能，告诉士兵们如何用键盘来操作各自的游戏人物。"大多数时间里，士兵们都不知道该怎么把手放在键盘上，然后敲打这些文字，”他这样介绍说，“因此你要说，‘注意，要是想让电脑中的人物往前走，那么就得一直按住 W 键。如果想完成一段机械跑步，就需要按击 W 键两次，然后按住不放手。要是你想跑得快点，Shift 键上的左手无名指要一直按住，同时按击 W 键两次。按下 A 键的话，电脑中的人物向左移动；按下 delta 键则是向右转。要是想让他采取匍匐姿势，就按下 Z 键。此外，还可以控制人物向前爬、向后爬，坐下，站起，向左滚，再向右滚。要是看看这些士兵，你就会注意到他们的一些表情，有些人不太懂键盘操作，也可能他们不太喜欢这个。所以一定要慢慢来。”

一旦认真地开始训练环节，士兵们必须在游戏中经历不同的场景，同时必须遵守他们已经学过的标准操作流程和战斗训练。可以预料，问题就将出在这个阶段。士兵中那些硬核游戏玩家们（有时也包括指挥军官），毫无例外在一开始训练环节时，就想跳出系统的限制。他们操作电脑中的人物，看见什么就开枪射什么。杰克逊就是在这个时候开始介入。开头的时候，杰克逊会非常地客气。“一般来说，如果我发现玩家没有按照预期去做，我要么自己和他们谈谈，要么让他们的领导和他们谈谈，解释下为什么他们不能轻率对待。我会把手放在他们的肩头，强调他们现在正在进行的是训练，他们能从中学到东西。因为他们最终得越过（场景中的）池塘，前往阿富汗。在这个阶段，我可以按下重启键，重新开始场景，电脑中的角色仍然活着。但是我会说：‘要是你越过了这池塘，就没法再重启了，因为到时射向你的都将是真正的子弹。’”如果士兵们依旧瞎搞，杰克逊就会摆出一副吓人的表情，就像以前担任训练教官时那样，以此改变士兵的态度。威廉斯证实说："杰克逊确实能板起脸，狠狠地看那个士兵一眼，然后士兵立刻就乖巧了。"

威廉斯也可以从战术行动中心的位置上干预游戏。"要是我看到士兵们做了一些我不喜欢的动作，比如在演习训练中，他们开枪射击了一些本不该射击的目标，那么我有权限在游戏中剥夺他们的弹药，把他们击毙，然后扔到 20 千米开外的森林里。这种方式很快就能让他们搞清楚状况。"

VTF 的另一位培训师斯科特·罗森伯格估计：经过虚拟培训设施培训的士兵中，80% 的人经常玩电子游戏（其中比例更小的群体是硬核玩家）。经过训练初期的瞎胡闹后，训练真实感会越来越强，部分原因是因为 VBS2 复制了现实世界的动态变化。杰克逊说："要是你不得不从这里跑着穿过街道，然后再跑回来，你一定会上气不接下气，这时要是拿起枪来向对面的墙瞄准，呼吸就会变得更加困难。VBS2 中设计的人物就是这样。要想控制自己的呼吸，就必须按住鼠标右键。但是你只能坚持这么长时间。现实中，要是想瞄准武器，紧盯目标十秒钟左右，眼睛就会变得模糊不清，然后你不得不把脸转过去，深呼吸，再重新瞄准。VBS2 中的设计是一样的。当游戏中的人物开始发抖，视力下降时，你就必须得重新摆正姿势，再来一次。也就是说，玩家必须把手从鼠标右键上移开，然后重新瞄准目标。"

在 VBS2 中，每名士兵都可以在第一人称、第二人称和第三人称模式之间切换，观察行动情况。头戴式耳机中传递着战场周围环境的声音，包括无线电信号、直升机螺旋桨转动、炮火以及爆炸的声音。由于一百名士兵在模拟中都是有联系的，因此教室中一旦出现战场模式，现实中的层级关系也会出现在游戏中。例如，操作游戏角色比较熟练的士兵会帮助那些落在后面的人，熟知标准操作流程的士兵也会帮助其他的新手。杰克逊说：“不论部队的指挥官或者车长是否在教室里，我们都可以在小组中找出领导者，最后可能是炮手或者一名乘员走到前面，告诉部队指挥官应该怎么做，因为指挥官可能十分紧张，或者根本无法应对压力。”在战术行动中心观察训练的排长们，通常要强迫他的士兵们自己作出决定。“排长可能会让我们击毙车队指挥官，就是为了看看谁会站出来填补这个空缺。”

威廉斯认为这一点或许是 VBS2 能带来的最大好处。“指挥官可以评估初级的领导者，看看他们的能力如何，也看看哪些人性格犹豫，哪些人积极进取。如果我只告诉你这些指令，你的执行情况又会怎样呢？是手下的士官们挺身而出，还是全部被敌人碾压？作为一名指挥官，我的意图有没有被立即执行？我们已经看到，当人们位高权重时，要是再拥有领导能力，执行力就会显得更加高效。如果在像这间教室一样的房间里坐着一位上校，观看着排长如何指挥这一排的士兵，那么全排人都会认认真真地听他指挥。因为他们现在不是在继续学习新东西，而是在开始执行任务。”VBS2 也让指挥官享有比传统野外训练更大的自由。“指挥官或许会说：‘我想从这个地点发起空袭，然后在这里着陆。’你想要尝试的内容在野外可能过于危险，因为涉及大量的火力，或者涉及协调飞机，但是在这里一切都可以进行。所以，他们可以在 VBS2 中进行虚拟演练，”威廉斯如是说道，“要是能找到真正的飞行员来操作这些角色，就更好了。这样可以给年轻的排长们、副排长们以及士官们非常难得的机会，可以在行动后的回顾中面对面地和飞行员们进行交流。飞行员们会说：‘要是你们到了战场上，我希望你们也像这样和我联系，因为这些才是我需要的信息’。”

随着训练环节缓慢推进，威廉斯按照指挥军官的意愿，在战术行动中心的办公室里，继续指导着训练行动。“假如玩家就是没能达到指挥官想要看到的那类效果，比如他想要玩家用迫击炮把敌人阻止在某个地点。那么他可以直接点击‘炮火打击’，选择要打击的地点、要使用的弹药类型、使用多少火炮、多少枚炮弹、轰炸半径，然后点击发射。游戏玩家们的反应是这样的：‘我的天哪！炮火来袭！’或者，如果他们正在乘坐阿帕奇直升机飞行，指挥官也可以控制这架直升机，让它坠机，制造个‘黑鹰坠落’的场景。”

威廉斯接下来完全按照这个场景来进行推进，和预想的唯一区别是，直升机撞击地面时没有发生爆炸。“和 VBS2 相比，我其实更喜欢 DARWARS，”威廉斯承认，“就是因为 DARWARS 更加稳定，而 VBS2 中仍然存在一些小故障，有时出于不为人知的原因，系统会崩溃掉。而这些有关软件问题，都是我并不在行的东西。”

即便 VBS2 偶尔会出现软件故障，但还是成功制造了可与现实世界条件类似的情绪压力。“我见过有人哭，”威廉斯告诉我，“我还看到有些处于某个岗位的人员，因为压力过大，过于不安——这些都是我们有意造成的——甚至冲出了教室，跑到自己的汽车里坐了 15 分钟，因为他们已经无法承受这种压力。我还见到过对自己表现非常不安的人……”他停下来，最后说，“你能看到各式各样的反应。”

威廉斯说，在行动后的回顾中情形会变得异常激烈。“行动后的回顾不是我们牵头进行的。士官或者军官，不管谁在现场，都可以牵头进行回顾。他们也会相互争论。‘好吧，我告诉过你要带着全班登上那座小山头！’‘去你的吧！’我们让他们自己来组织。也许听起来他们的语气有点进攻性，但是他们彼此就是这样说话的。要是这么做，能让他们在事后弄清楚事情究竟是怎么回事，我认为这就算是成功了，而且，我也并不是每次都想要一样的结果。”

士兵的不快贯穿了整个训练环节。“有时候手下有这么个一等兵，从头到尾唯一的作用就是被炸死，真是气死人了！就连他自己都说：‘太差劲了！我在这盯着黑乎乎的屏幕坐了三个小时！’这些可以理解为是对我们的负面看法，但是在现实中，部队想要的正是这个。所以我一直努力关注着领导层想要做的事情。我一直在问指挥官：‘你的目标观众是谁？是全排人员吗？你想不想评估一下班长的能力？你希望发生什么？’而在这一点上，我们总能得到积极的评论。”

联系到其他的军事类电子游戏，我会问他们这个训练中是否有灌输陆军价值观的内容。

“有的。如果目的是强化像武力升级、交战原则和陆战规则这些内容，我们一直都是这样做的，”威廉斯说，“你知道，‘好吧，你刚刚撂倒了那个人的母牛，我们得谈谈这件事。游戏里这挺有趣，但因为你夺走了这个人的生计，营长就不得不贿赂村主任。他得拿出多少钱呢？’这里，我们谈到了游戏除教授战斗技能外的其他效果。‘这辆车只是想绕过车队，你怎么就觉得需要朝着人家的挡风玻璃射出 18 发 50 口径的子弹呢？交战规则是这么说的吗？’我们要把这些内容跟他们讲透彻。因为他们在离开的时候就会想，好吧，我学到了什么？或许我学到的是，射死艾哈迈德的母牛，也许并不是我职业生涯中最好的一步。”

“很多士兵在参加训练环节时，都认为会很有意思，就是个打打电子游戏的机会而已，”杰克逊解释说，“但当他们在 VBS2 中被击毙，发现自己无法重启的时候，我看到了他们震惊的表情。他们开始把自己在模拟中学习的内容与即将在阿富汗执行的任务联系起来。对大多数孩子来说，参加 VBS2 是他们平生第一次认识到自己可能会死去。”

注 释

1. Ratwani, Orvis, and Knerr, “Game-Based Training Effectiveness Evaluation.”
2. Martin and Lin, “Keyboards First. Then Grenades.”

第六章

WILL 互动公司与军方的严肃游戏

游戏情节是这样展开的：现在起你的名字叫凯尔·诺顿，19岁，来自美国中西部地区，是一名拆弹专家。从被派往伊拉克执行拆弹任务起，生活就开始急转直下。已经饱受债务困扰的你，刚刚意外地收到未婚妻发来的电子邮件。她在邮件中说自己已经怀孕，但孩子是别人的。这个消息让你感到眩晕，情绪尚未稳定，又听到最要好的朋友刚刚因遭遇埋伏而丧命的消息。随着故事情节一幕幕展开，电脑显示屏上出现一系列问题，提示作为诺顿的你是否要寻求帮助来解决这些问题。诺顿是决定自杀还是开始接受治疗，现在都取决于你作出的反应。

这款游戏名为《超越前线》，是 WILL 互动公司的创意。对成立于马里兰州的这家制作严肃游戏的公司来说，军方是其主要客户，每年 75% 的生意都与军方有关。1994 年，曾担任过中学老师的莎伦·斯隆创立了 WILL 互动公司。该公司与竞争对手的不同之处在于，它采用了被称作“虚拟体验浸入式学习模拟”的技术。这款游戏类似于实景互动电影，用户直接成为主角。游戏以真实事件为蓝本，采用真实的演员，在实地拍摄而成，每集时长 2～3 小时。与旧版的《选择你自己的冒险经历》系列丛书类似，每个游戏都为玩家提供了至少 80 个“决策时刻”，每个决策都会影响到故事情节的发展和结果（每个故事至少有 1000 种排列可能）。因成绩斐然，斯隆荣获 2009 年度“影视女性大奖”中的“视觉女性奖”，此外她分别荣获美国陆军 2008 年度和 2009 年度“远程学习标新立异奖”。

和《虚拟战场 2》（*VBS2*）以及《美国陆军》一样，WILL 公司的产品也属于游戏迷和学者口中的“严肃游戏”。“严肃游戏”一词用来指代除娱乐目的之外的所有游戏。虽然也可能带有一定的娱乐性，但严肃游戏的主要功能是教育玩家，帮助玩家解决问题。在教育、医疗、城市规划、科学、工程、应急管理等领域，严肃游戏得到了广泛使用，但是其主要生产者和用户一直都还是军方。

事实上，首批严肃游戏就是战争类游戏。很多学者指出：19 世纪一款名为《战争游戏》的德国军官训练游戏，可称为现代严肃游戏的鼻祖。“严肃游戏”概念首次出现，似乎是在克拉克·阿布特 1970 年出版的著作《严肃游戏》之中。阿布特在书中宣称：“这些游戏经过深思熟虑，拥有清晰明确的教育目的，首要目的也并非娱乐。”[1] 虽然当时阿布特所指的是棋牌游戏，而在数字时代几乎所有的严肃游戏都是基于模拟技术的计算机游戏和视频游戏，但这一定义仍有现实意义。（人们通常把陆军从未启用过的《战争地带》游戏看作当代首款严肃游戏。）2005 年，迈克尔·齐达在经历过《美国陆军》的这段体验之后，更新了阿布特对严肃游戏的定义。齐达将之定义为“按照一定的规则使用电脑进行的头脑竞赛。它以娱乐的方式推进实现政府或企业的培训、教育、健康、公共政策以及战略传播目标”[2]。

在教育领域，纸面的严肃游戏在20世纪六七十年代比较普遍，不过在“回归本原”运动发起之后，大部分都被弃置不用了。80年代，计算机大规模引入公立学校系统，《俄勒冈小道》《数学爆破手》这类基于计算机的严肃游戏开始风靡美国校园；90年代，更为先进的《头脑博士》等游戏开始流行，不过教师们还是常常将其束之高阁，而更加青睐新出现的互联网。

在公立学校系统之外，最著名的严肃游戏运动于2002年在伍德罗·威尔逊国际学者中心发起。在本·索耶与戴维·雷耶茨科的领导下，设在华盛顿特区的“严肃游戏倡议”项目，积极推动在政策与管理领域的电子游戏发展，并促成了两个子项目。一个是“用游戏实现改变”的子项目，重点关注社会问题，客户包括美国国际开发署、世界银行学院、美国自然历史博物馆、国际救援组织等。另一个是“用游戏获得健康”的子项目，由罗伯特·伍德·约翰逊基金会赞助，重点关注如何改善卫生保健。不过，索耶也承认，从参与的早晚、持续资助的时间，以及开发和使用的力度看，到目前为止，军方一直都是这项运动最主要的参与者。

此外，在为军方开发严肃游戏，尤其是用于应对军人可能的心理和精神问题的游戏方面，WILL 互动公司是最主要的开发商。它为军方开发的游戏主要与非战斗问题有关，重点关注的是斯隆所说的“高压力、高风险环境以及精神问题”，其中包括如何预防自杀、精神健康、性侵犯、下班后行为、伦理决策、重新融入平民生活等。WILL 互动公司之所以能够成为军方严肃游戏的首选设计商，也许正是因为它能够应对林林总总的非作战问题。

情感因素

WILL 公司的创立者斯隆从波士顿大学毕业后，先在一所高中担任英语老师，随后担任高中和社区大学的升学顾问。不过，没过多久她就发现，自己真正的兴趣是教学设计，具体来说，就是培训材料的开发。离开学校后，她成为一名独立的产品开发顾问，主要做与录像带以及早期计算机辅助培训相关的工作。

20 世纪 80 年代末，斯隆参与开发了一个用于急救室人员培训的交互式录像磁盘项目，当时这种录像磁盘还是个新技术，很像大型的留声机。在她负责的系列中，受训人员要扮演医生或护士，救治心脏病、癫痫或是受枪伤的病人。随着一个个情景实时展开，受训人员要作出诊断，开具处方，完成其他紧急任务。斯隆发现：尽管设备笨重、技术昂贵，但是，在模拟器上的工作经历（也就是在生死攸关的情形下扮演医生或护士），仍然“影响深远”。虽然模拟技术本身可能比较原始，但是在斯隆看来，其背后的学习方法却是开天辟地的。她说：“在实时学习和第一人称体验方面，以前确实从未有过这样的尝试。”

对斯隆来说，这次的经历可谓是“一语惊醒梦中人”。当时，在建模和模拟领域，人们认为信息一旦被提供，就会自动转变为具体的行为和技能。只有斯隆开始认识到，这个看法其实只正确了一部分。要想改变人们的行为，光有信息还不够，真正的学习活动还需要包含情感因素。

1994 年，斯隆与有着建模和模拟经验的前陆军上校林恩·麦考尔、编剧家杰弗里·霍尔共同创建 WILL 公司。不久，她开发了一款新式的电子游戏，也就是前文所说的 VEILS。这款游戏将真实的生活片段作为游戏基础。斯隆自问：在与人们进行情感和认知上的交流的时候，究竟应该如何利用电子游戏和交互功能，才能达到改变玩家行为的目的呢？她想出的解决方案是：开发类似于交互式电影的游戏。这些游戏采用第一人称视角，玩家可以“成为”主角，可以作出左右故事结局的决定。“情感投资最终可以影响真实的行为”，要让玩家认识到这一点，游戏的交互功能是关键因素。

1998 年，WILL 公司从军方获得首个合同，并由此创造了《拯救帕波莱迪中士》这款游戏。该游戏聚焦性骚扰问题。在尾钩丑闻事件[①]中，多名美国海军和海军陆战队飞行军官被起诉，罪名是在拉斯维加斯举行年度研讨会期间有性骚扰和不当行为。该丑闻曝光后，陆军找到了 WILL 公司。《拯救帕波莱迪中士》游戏中，12 名训练队员在南加州的森林中执行任务，突然训练教官帕波莱迪被猎手的子弹误伤，小队一下子失去了领导。训练队员需要立即找出一副担架，并把帕波莱迪送到安全地点。但是由于性别歧视和种族歧视，队员们没能结成一个团结的小队，最终帕波莱迪死亡。游戏进行时，用户可以在六个角色中任选其一。游戏角色的开始时间从事发前一个星期开始，他们需要帮助战友们按照“价值观作出决定”，以改变小队的团队意识和行为方式。WILL 公司宣称：采取这种游戏方式，玩家不仅要应对性骚扰问

① 尾钩丑闻（Tailhook scandal），是指 1991 年美国海军在召开第 35 届尾钩协会研讨会期间发生的性骚扰丑闻。——译者注。

题，同时还要应对领导能力、伦理和种族主义等问题。

士兵们最初对《拯救帕波莱迪中士》的反应非常积极，以至于在2004年阿布格莱布监狱虐囚丑闻曝光后，陆军要求所有即将前往伊拉克的士兵都要玩这款游戏。在这两个案例中，军方使用电子游戏的一部分初衷是为了公共关系。正如斯隆所说："陆军希望让公众看到，他们正在努力解决性骚扰问题。"

鉴于《拯救帕波莱迪中士》的成功，WILL公司又得到了陆军的几个合同以及来自其他军种的问询。2006年，军队自杀率达到数十年间最高值，WILL因此获得公司有史以来最大的一笔合同：为军方开发一款游戏，以应对士兵死亡数量惊人上升的问题，从而帮助士兵们消除对心理健康治疗的负面印象。最终，WILL公司开发出的游戏名为《超越前线》，该游戏主人公是一位名叫凯尔·诺顿的专家。《超越前线》游戏视角独特，因为在游戏中玩家实际上要使用有自杀倾向的角色，这也就使得此款游戏在军事题材游戏中脱颖而出。陆军对结果非常满意，2009年决定把《超越前线》作为所有现役、国民警卫队和预备役部队的必修项目。现在，陆军中的每名士兵都玩过这款游戏，而WILL公司从他们那里得到了一致的积极反馈。士兵们很欣赏这款游戏能够以一种原汁原味、粗暴真实的方式，展现士兵们在战斗结束、回归生活之后所面临的各种压力，甚至是惨状。

WILL公司现在得到了军方前所未有的高度关注，随后又接到了开发《内心战争》的任务。在这款游戏中，玩家有四种不同的角色可以选择，分别是：患有PTSD的年轻士兵，无法和妻子、孩子建立良好关系的中士，试图理解丈夫情感障碍的妻子，以及努力营造有利环境、鼓励手下士兵寻求心理健康治疗的副排长。

在另一款相关的游戏《治愈任务》中，玩家可以选择的角色包括：患上同情疲劳症的社会工作者，徘徊在过度劳累边缘的病例管理护士，努力克服个人对心理健康治疗反感情绪的班长。

对于这种结果，军方再一次表示满意。但与此同时，又出现了一个新的问题。"国民警卫队和预备役人员的情况如何呢？"国防部这样问斯隆，"他们没有支援，缺少基地，回到家后发现自己已经失去工作。这些人的自杀率也在直线上升。"为了解决这一问题，WILL 开发了名为《大后方》的游戏，专门针对国民警卫队队员和预备役人员，重点强调自杀的风险感知和预防。

当前，WILL 公司主要关注的是陆军所谓的"士兵综合健康"。（官方比较土气的宣传口号是"强健大脑、强壮体魄"。）其基本思路是：如果在士兵外派前提高他们的适应力，那么就可以缓解战斗紧张造成的影响，包括可能出现的 PTSD。在勾勒项目的大致轮廓时，陆军指出该项目对以下五个不同领域的健康状态具有重要意义：家庭、身体、精神、情感以及社交。WILL 公司现在已经开发出一个系列（共 16 个）的游戏，覆盖了包括家庭健康和身体健康在内的前两个领域。

在第一个游戏《单亲抚育》中，玩家扮演的角色是专科医生布丽里奇特·富兰克林，同时她也是一位刚生了宝宝的年轻士兵。富兰克林在接到部署命令后，她必须思考如何平衡职业责任、事业发展需求与抚育责任之间的关系。由于没有伴侣在家中帮助照看孩子，她该如何制订家庭护理计划呢？她是否应该向父母寻求帮助呢？（或许可行，但有可能她的父母有着严重的健康问题。）孩子的父亲能否在她参与部署期间承担一些责任呢？她是否应该从陆军退役，而不是离开孩子？这些都是士兵在游戏过程中必须解决的问题。

在第二个游戏《混合家庭》中，玩家扮演的角色名叫基斯·埃哈特。这位参谋军士共有三个孩子，一个女儿是和前妻所生，另一个女儿是现任妻子与其前夫所生，儿子则是现在两人共同的孩子。游戏要考验的两个主要问题是：这三个家庭如何组合在一起？在埃哈特驻扎在外的日子中，家人又该如何相处？

WILL 公司也关注军事伦理的问题。在一个新游戏中，玩家作为部队指挥官，必须要兼顾上级的任务和个人的价值体系。每个场景中，他们都会面临难题，要在忠于战友、忠于陆军使命以及忠于个人道德三者之间寻找平衡。这些情节描写非常细致入微。比如其中一幕，玩家指挥的部队遇到一位受伤的平民，当地的文化是不允许他们的部队对此进行干预的，但是如果士兵不给平民提供医疗援助，那么这个人很可能就会死掉。然而，如果他们决定干预，玩家也必须决定是否使用军事资源来救助平民，因为这些军事资源本来只能用于士兵。

斯隆说，WILL 为军方开发的游戏一直在不断演进之中，以便匹配那些“让领导层夜不能寐”的问题。她说，十年以前，“我们还没有考虑到 PTSD 和预防自杀的问题，也还没有针对战士的过渡机构或是针对身受重伤的士兵所展开的培训”。她还说，眼下领导层主要关注的是，“当士兵结束部署任务返回家中之后可能发生的事情——对家庭成员造成的紧张和压力”。我们会看到，越来越多的士兵正在家中打一场“看不见硝烟的战争”。

一个士兵的故事

马修·彭宁顿 17 岁参军，为的是摆脱酗酒的父亲，摆脱看不到工作前景的未来。由于父母离异，他的童年在缅因州的农村和得克萨斯州沃斯堡两地度过。陆军稳定、有纪律的生活吸引着他，更为重要的是，在部队经常需要准备应对不同任务，这意味着他的生活永远都不会是死水一潭。彭宁顿是个很容易感到厌倦的人，因此陆军看起来恰好能够满足他希望持续变化的愿望。

2002 年，他被派往阿富汗，担任陆军通信兵，帮助修建联军巴格拉姆空军基地对外联系的通信网络。这次海外任务比较愉快，没有意外发生。回到布拉格堡后，彭宁顿很快主动要求再次执行外派任务。这一次，他随第二装甲骑兵团被派往伊拉克。虽然一个朋友在此次任务期间丧命，彭宁顿依然十分享受战地时光。返回布拉格堡后，他又再次主动请缨，要求返回前线战斗。完成机枪手培训后，他再次被派往伊拉克。这次，他所在部队的任务是为补给车队提供后勤支援。

此时已经是 2005 年年底。彭宁顿一踏上伊拉克的土地，就发现战争节奏已经发生了变化。在此之前，暴力活动时断时续，而且只限于某些地点和城镇。而这一次，在任何时间任何地点，暴力袭击随时都可能发生，这一点显而易见。上级领导告诉他，他所在部队的人员只有 65% 的生存机会。他说："现在的问题不是你是否会遭遇暴力袭击，而是什么时候会遭遇暴力袭击。"彭宁顿自认为是个"寻求刺激的人"，因此，这种危险局面反而让他感到"十分振奋"，甚至以此为乐。

不过一天晚上，彭宁顿产生了一种不祥的预感。他这样解释道："这一次的任务不太对劲，几乎可能出错的地方都出了问题。"那天晚上要护送的车队中，有很多运送油料和弹药的卡车，而这些都是暴乱分子经常下手的目标。彭宁顿是带队悍马吉普车的驾驶员。他不太喜欢这个位置，他更愿意站在车顶机枪的后面。夜色中他们从拜莱德前往提克里特，路上车队遭遇大雾。开车穿过暴乱分子据点萨马拉的时候，彭宁顿的吉普车大灯突然不亮了。借助昏暗的近距灯，彭宁顿把车开到了道路的一个直角拐弯处。正当他向左转的时候，几个暴乱分子开了火。当转弯完成的时候，他看到了路正中间有一个简易的爆炸装置，眼看已经来不及躲避爆炸的冲击，他只好试图调整车辆角度，从而让发动机而不是车厢去承受爆炸的冲击力。随后简易爆炸装置爆炸，火和浓烟冲进车厢，也包围了整辆车。

彭宁顿拼尽全力猛踩刹车，但是发现丝毫没有反应。低下头，他才发现自己的左脚已经不见了，穿透悍马吉普车地板的弹片已经炸掉了他的左脚。他的右腿也是伤痕累累，肺部也因浓烟和大火严重灼伤。此时他已毫无退路，只能转动方向盘让车子撞向一个大土堆。在等待车队后续车辆到达的时候，他给两条腿绑上止血带，然后抓起枪瞄准附近的田野，向逼近的暴乱分子开火。

接下来的一年，彭宁顿在华盛顿特区的沃尔特·里德陆军医院，接受治疗和康复训练。他唯一的担忧是身体不能康复：他想摆脱轮椅。医生诊断出他已经患有 PTSD，但是由于医生让他服用了大剂量的镇静剂，他没感觉到有什么情感上的抑郁。出院后，彭宁顿和妻子回到缅因州中部地区。在医生的许可下，他开始停止服用药物。他已经受够了镇静剂给他带来的昏昏沉沉、情感麻痹的感觉。

和妻子搬回家几个星期之后，彭宁顿陷入了深深的压抑之中。他原本计划在陆军度过一生，但现在这个选项不复存在。他痛恨碳纤维的假腿，痛恨残余的大腿根部的囊肿。他还痛恨，不管什么时候，只要到公共场合，总会有人凑上前感谢他为国家的服务，或是和他聊聊对战争的看法。他说，在经历战争之后，“很多士兵只是想好好休息一下”，但是“这真的是很难实现”。于是，白天他去商店的时间越来越晚，最后，他干脆努力避免出现在公共场合。

与此同时，他与妻子、朋友们的关系也在迅速恶化。“我当时就像是个时刻保持警惕的刺儿头，”他回忆说，“很多人都是这样告诉我的，但是我根本就不听。”不管人们怎么苦口婆心地告诉他，“现在的他和从前表现得不太一样”，但是彭宁顿根本不相信他们。他自己治疗压抑的办法就是酒精，似乎他已处在成为彻头彻尾的酒鬼的边缘。在他看来，每次只要他开口讲话，总是会把事情搞得更糟。于是，他干脆闭口不语。过去他就从来不和别人分享自己的感受，现在他干脆彻底放弃了沟通。他和妻子的婚姻也处于崩溃的边缘，两人前前后后分开了 3 次。一天晚上，走投无路后，他喝醉了酒，开着车子直直地撞上一堵砖墙。

在他看来，他的这辈子可能就这样了：愤怒、孤独、嗜酒成瘾。不过，2009 年的一天，一个朋友告诉他纽约大学的一个大学生电影制作者有一个试镜机会。这个电影制作者，名叫尼古拉斯·布伦南，正想找一个人扮演来自缅因州、失去双腿同时饱受 PTSD 折磨的退伍军人。虽然从来没有想过演电影，但是这个角色与他的经历如此接近，让彭宁顿十分吃惊。当时，他的自信心已经跌至谷底，虽然他觉得演电影可能“太一反常态了，我可能要被迫去应对一些事情”。但是，彭宁顿（对这份工作）的渴望最终战胜了他对沟通的恐惧。他在电脑上敲了一封很感人的邮件并发给了布伦南：“我在2006年受伤，这让我性格发生了变化，一切变得糟糕透顶。”[3]

彭宁顿确实希望痊愈，但是，他的内心中也一直在寻找一个支持他放弃（这份工作）的理由。彭宁顿是个保守的人，他觉得花时间和纽约大学的自由派大学生在一起，可能会强化他的一个感觉，即认为美国人不接受退伍军人。如果情况确实如此，那么彭宁顿很可能会孤独而愤怒地在家中度过一生，以此证明自己的正确。

不过，拍电影的头三天时间就让他认识到：即便人们反对伊拉克和阿富汗战争，但他们并不是针对退伍军人本身。更为重要的是，扮演电影主角康纳的过程，也反映了他本人在PTSD上的挣扎。彭宁顿也是头一次真正认识到这个问题的严重性。

参与完名为《海军陆战队钓鱼指南》的15分钟电影的演出之后，彭宁顿迎来治愈的第二步。这部电影在缅因州波特兰首映后，布伦南和彭宁顿前往华盛顿特区参加2011年美国军人电影节，去展示他们的作品。在电影节第三天的晚上，在首都的一个电影院里，彭宁顿接触到了WILL交互公司的产品。

那天晚上莎伦·斯隆展示了WILL公司的产品。首先，她概括介绍了VEILS学习系统，然后在荧幕上播放了《内心战争》。这是个介绍老兵在海外部署结束之后如何重新融入社会的游戏。当晚的观众每人发了一个手持设备，这样他们就可以和大屏幕上的游戏进行互动。

彭宁顿体验了游戏中的不同人物角色，包括一名患有 PTSD 的陆军专家，一名无法和妻子、孩子沟通的军官，一位正努力接受丈夫负面行为的妻子。彭宁顿感觉自己开始从一个全新的视角去审视自己的生活。例如，扮演游戏中妻子角色的时候，他说，“这就好像是在注视着我的妻子”。新认识如潮涌而至，就像一记耳光，“我当时想，‘天啊！这下我更明白了。’我知道回到家该怎样进行更有效的沟通了”。

彭宁顿对 WILL 公司作品作出这样的反应，关键原因是这个游戏摆脱了他之前所说的惯常游戏的那种“直接对抗”的方式。他说：《内心战争》游戏并不是唐突地质问老兵，“你到底哪儿出了问题？”相反，这个游戏让老兵们认同游戏中的角色。通过这种方式，老兵们“能够为自己点亮一盏灯。（这样的做法）让事情更有效……让人们睁开自己的双眼，亲自看看自己是怎么做的，（之前做的）为什么对自己没有效果”。

彭宁顿说，当老兵离开战场返回家乡，“对抗常常是转瞬之间的事儿——老兵们承受着战斗的压力，表现的症状之一就是肾上腺素一直处于较高水平，几乎任何一件小事都能触发他们的情绪，而这件小事可能仅仅是因为一辆从你身边快速开过的小汽车而起。半年前，小汽车是根本不可能驶进距我 150 米的范围之内的，否则就会被当作威胁。诸如此类的小事”。

他说，人们经常采取过度激烈的手段来对待老兵。他认为这种方法是完全错误的，“有些老兵内心正经历着戒断症状，或者甚至是幻灭状态，或者根本没有意识到自己的症状，那么（采取对抗性的措施）只会把他们推得更远”。他说，如果采取 WILL 公司电子游戏这样的手段，“没有人与人之间的接触，那么（老兵们）就能够自己经历这个阶段，不必一再听别人告诉他们哪些地方做得不对……他们能够自己得出结论”。

彭宁顿觉得 WILL 公司的作品很了不起，他决定把这个消息告诉给其他的退伍老兵。于是，他找到妻子工作的“向美国英雄致敬联合会”，寻求帮助。这个联合会是个非营利性组织，每个月举办一次名为“希望之手”的研讨会，邀请注册临床心理学家参加，和退伍老兵谈谈他们的问题。彭宁顿本人认识这个项目的负责人，就向她介绍了 WILL 互动公司和美国军人电影节的情况，又帮她同莎伦·斯隆取得了联系。最终，“联合会向很多会员和家庭展示了《内心战争》这款游戏，”彭宁顿说，“这些都是在当前战争中受过伤的战斗老兵。他们最终都喜欢上了这款游戏。他们也从游戏中收获了很多的经验，因为就和我一样，他们现在也能够自己看清楚事情的本来面貌”并作出自己的决定了。

“我们都了解自己的情况，”彭宁顿回忆说，“我们都知道如何照顾自己，我们都有自我认同，知道如何看待自己。这也是我为什么喜欢 WILL 公司游戏的原因，因为通过这样的过程，我们就会知道，很多时候，我们必须要‘跳’出自己来看待这个世界。如果能做到这一点，我们就能够放下自我，放下身份认同，从另外一种视角来观察。如果能够做到这一点，那么你就会感觉到，‘天啊，我知道我为什么会一直做这个了，而现在，我看得更明白了。’……（这个过程）改变了我对自己行为的看法，也让我更愿意倾听。”

打地鼠

尽管有像彭宁顿这样的士兵的积极见证，莎伦·斯隆还是得承认，经历了十多年的战争，面对部队承受的各种压力和损耗，对于这些老兵，她也没有什么万全之策。一个游戏可以解决一个临时的问题，但是新的问题甚至是更加复杂的问题，很快就会以不同的形式出现在新的地方。这是军队自己面临的持续存在的“打地鼠”问题：新的问题不断涌出扩大，远超军方能够应对的速度。

《内心战争》之类的游戏并不能治愈任何人，游戏的本意也并不是要治愈谁。但是，像 WILL 公司的许多游戏一样，这款游戏的目的是搭建一架桥梁，这个桥梁通向治愈，或是实现个人行为和治疗方法的改变。如果一款游戏可以做到这一点，它就能够发挥一些作用（即让人们接受治疗或者承认其行为的不健康，理解其个人行为对他所爱之人造成的影响），这个游戏也就是有价值的。如果一个游戏能够展示出性骚扰、种族主义或者不道德行为等问题，那么这个游戏同样也是有价值的。

同时，军方也在借助游戏治疗精神健康问题。接下来的章节我们就会看到，治疗老兵 PTSD 最有前景的工具之一就是第一人称射击类游戏，这或许很让人吃惊。但是，这个游戏的本意同商业上流行的第一人称射击类游戏的娱乐性相比，差别巨大。

注 释

1. Abt, *Serious Games*, 9.
2. Zyda, “From Visual Simulation to Virtual Reality to Games,” 26.
3. Quoted in Dao, “Acting Out War’s Inner Wounds.”

第七章

后果：医学虚拟现实（MedVR）与创伤治疗

2001年9月11日，31岁的杰里·德拉·萨拉还是一名奋斗中的演员。过去10年间，他一直在各个独立电影公司工作，教授私人表演课程。用他的话讲，当时他正过着“浪漫的纽约艺术家生活”。但是，9月12日早上之后，他把这一切都抛到了一边。因为，纽约遭到了袭击。从入读纽约大学一年级起，他一直生活在这座城市，所以，眼前发生的这一切让他极为震惊。作为一名消防员的强烈愿望，牢牢占据了他的内心。他开始在整个曼哈顿寻找能接纳他的消防站。不过，他见到的所有官员都告诉他了同一件事儿：他的年龄太大了。因为养老金的问题，纽约市不允许30岁以上的人员参加消防员资格测试。

德拉·萨拉很快下定决心，对他来说，为国服务最好的选择就是参军。在同哈莱勒姆区的一个招兵人员多次交流之后，他签署了参军的文件，参加了基础的训练，最终被分派到新泽西州尤宁代尔城外的陆军 306 宪兵营。接下来的两年，他一直在这里等待着部署任务。2004 年 4 月，伊拉克阿布格莱布的虐囚丑闻曝光，他所在的部队终于接到通知：他们即将被派往监狱所在的军事基地，接替饱受丑闻困扰的那支部队，帮助“重建美国陆军在伊拉克的正直形象”。

在冬季的几个月里，德拉·萨拉和部队都在迪克斯堡度过。他们一直不理解，在新泽西州寒冷森林中进行的训练，怎么能让他们应对在伊拉克沙漠里的战争呢？训练结束后，第 306 宪兵营部队抵达目的地，也就是这时已经臭名昭著的阿布格莱布前方作战基地。该基地位于巴格达市区以西 20 英里（约 32 千米）处。一到那儿，士兵们就认识到，他们进入了德拉·萨拉所说的“噩梦”之中。“我们就像是闯入了一个马蜂窝。这里被媒体高度关注，被当成军队的耻辱，也是暴乱的新根源。”他这样说道。虐囚事件曝光后，基地已经成为伊拉克抵抗力量的焦点，几乎每天都要遭受攻击。攻击的节奏持续不断。“安全线之外的每个人都想冲进来，把我们抓走。”德拉·萨拉说。

第 306 宪兵营任务的重点是“关押行动”。德拉·萨拉和战友们负责管理“救赎营地”。这是一处大型的关押中心，设置了多个帐篷，每个帐篷容纳 25 名犯人。德拉·萨拉说：一天有 14 个小时，这些士兵就像“童子军小队的女训导员”，负责分发食物，提供医疗。每名士兵通常负责两个帐篷，他们要和帐篷的负责人（通常是宗教领袖）接触，再由这些人员把士兵的命令传达给其他人。由于虐囚丑闻的影响，中心把犯人的权利打印在一张卡片上，士兵随时携带。但是即便如此，帐篷内的暴乱活动仍时有发生。做“片狗”（Zone dog）带来的压力，加之暴乱分子对基地的持续攻击，使德拉·萨拉几乎到了无法忍受的地步。

不论什么时候，只要监狱变得过于拥挤，德拉·萨拉所在的部队就会接到“疏散”（Decongest）的命令，要他们把犯人运送到其他地方。这些所谓的空中运输（ConAir）行动，包括把高危车队开到距离最近的飞机跑道的任务。尽管行动自身的危险性较高，但德拉·萨拉还是希望每天都能够执行此类任务，因为这样可以逃避基地高压锅式的气氛。对他来说，做什么都好过管理帐篷。

一天夜里，德拉·萨拉刚吃完晚饭，和一个名叫卡鲁索的士官战友在生活区外聊天。正聊着的时候，克鲁索突然一下子满脸通红。德拉·萨拉当时背对着基地的围墙，他花了点儿功夫才弄明白克鲁索在看什么。等他发现的时候，克鲁索尖叫着“炮弹来袭”，一把抓住德拉·萨拉，把他推进生活区。这一刻，刚过巴格达时间晚上 7 点，迫击炮和火箭弹齐射而来，呼啸着越过基地围墙。德拉·萨拉整个任务中最糟糕的三个小时，就这样开始了。

如今被称作“阿布格莱布之战”的行动，发生在 2005 年 4 月 2 日夜里。这是该基地美军士兵遭受到的一次大规模、高度协同的暴乱分子攻击。袭击中，暴乱分子使用了小型武器、手榴弹，甚至还动用了两辆车载简易爆炸装置。与此同时，在“胜利营地”和费卢杰的飞机跑道也因遭受敌人的轰炸而瘫痪。袭击开始整整一小时之后，德拉·萨拉的部队和在阿布格莱布的其他部队才获得近距离空中支援。暴乱分子在东西两个方向通往基地的道路上都埋下了地雷，有效阻止了美军向基地增援额外地面部队和给养的努力。

时间一分一秒地逝去，德拉·萨拉的部队艰难地维持着“救赎兵营”数千名犯人的秩序。同时，德拉·萨拉还在负责兵营外围一个四方院子里的医疗救援工作。随着叛乱分子逼近基地并不断调整火力，德拉·萨拉听到敌人炮弹的爆炸声越来越响。（那越来越响的炮弹爆炸声，至今还在困扰着他。）当他横穿院子的时候，一枚火箭弹落在百米开外，在泽西混凝土护栏的另一侧爆炸。泽西混凝土护栏是一个巨大的水泥墩，也是外墙所在的位置。虽然水泥墩救了德拉·萨拉一命，但是火箭弹爆炸的冲击波还是让他一下子平摔在地上。他感觉自己就好像被橄榄球比赛中的后卫扑倒在地。不过，由于肾上腺素的高涨，直到几个小时之后他才意识到自己在爆炸中受了伤。在这次战斗中，共有几十个美军士兵受伤，他是其中之一。

经过三个小时的激战，暴乱分子终于停止了进攻。但是德拉·萨拉一直认为基地很安全的感觉，不复存在。结束在伊拉克的这次任务后，德拉·萨拉回到美国，前往第 78 训练支援师，这也是他参加宪兵部队时的受训所在地。回家后，他开始和亲戚朋友们吵架，并饱受焦虑的折磨。不过，由于过去 12 个月一直处于高度紧张状态，他也是花了很长一段时间才意识到自己的这种变化。

每次德拉·萨拉不得不向新单位报到的时候，他都得钻进自己的汽车，从纽约城开车到新泽西州斯考克斯市。他要一路沿着高速公路开，还要穿过几座立交桥。每到这时，他的心跳就开始加速，呼吸变得急促，内心陷入深深的恐惧。到最后，他感到头昏眼花，所以他只好把车停到路边，等到最眩晕的感觉结束之后，他才能再继续上路。这些惊恐症状的发作让他困惑不已。他很清楚自己在开小汽车，不是全副武装的悍马吉普车，他也知道自己现在身在新泽西州，而不是在巴格达市外某辆被堵在水泄不通的道路上的运输车里，但是即便有这种意识，也于事无补。随便一件小事情，比如一段高速公路或者是一个天桥，都会引发他的眩晕感。

回国几个月后，德拉·萨拉开始去曼哈顿一个退伍军人医院看病。他的临床医生名叫迈克尔·克雷默，一开始他们采用传统的治疗模式：坐下来聊聊天。在克雷默的引导下，德拉·萨拉开始描述他的成长过程，和家人朋友的关系，在阿布格莱布的经历，以及回国后在适应新生活方面遇到的困难。他还讲述了在伊拉克的那段经历如何持续地困扰着他。他觉得这些环节很有帮助。在克雷默的帮助下，很多问题都得到了倾诉和分析。但同时他仍然能感受到无法承受的焦虑、恐怖和无助感，他感觉自己在PTSD（也就是他和克雷默认定的这种病症）面前，束手无策。

2007年，也就是他们第一次见面约一年之后，克雷默问德拉·萨拉是否愿意尝试一个名为“虚拟伊拉克”的新方案，作为治疗的一部分。这个方案把虚拟现实/电子游戏的内容与传统的暴露疗法结合在一起。虽然很信任克雷默，但是德拉·萨拉一开始还是很不情愿。“这种方法不会有什么效果的，”他告诉克雷默，“这就是个电子游戏。我要是想试一试虚拟技术的话，还不如看看在伊拉克拍的真实录像。那才是真的东西。”

不过，德拉·萨拉的好奇心最终取得了胜利，他同意作为曼哈顿退伍军人医院的第一人，试一试“虚拟伊拉克”方案。（在克雷默这一边，他一直在争取退伍军人部门对该项目的资金支持。）因为这一决定，德拉·萨拉作为首批35名士兵（包括现役和退役）之一，体验治疗心理创伤可能最有效的新方法。

虚拟现实暴露疗法

“虚拟伊拉克”以及最新的类似产品“虚拟阿富汗”，在全国数十个地点得到使用，是美国当前使用最为广泛的虚拟现实暴露疗法治疗方案。这种治疗方法在传统暴露疗法基础上改变而来，源自巴甫洛夫小狗实验的经典条件反射理论。该疗法认为，在安全的治疗环境下，有控制地重现受创伤经历，让病人直面非理性恐惧，然后逐渐增加体验的紧张程度，病人就能逐渐适应这种经历或恐惧。虽然创伤不会消失，但是会变得越来越可控。

在帮助人们治疗恐惧症方面，暴露疗法有着很好的成功纪录，但是因其价格高昂，常常让人望而却步，要是在实地实施，甚至会引发危险。因此，标准操作方式是采取想象的暴露疗法，治疗师反复引导病人以想象的方式重建恐惧经历。不过，这种方法要求受创伤人员必须生动形象地回忆起那些让他感到恐惧的经历，但是鉴于PTSD患者的病情，他们通常没有能力或是不愿意去回忆。

近年来由于计算速度、图形生成、人工智能、跟踪及接口技术等方面取得技术的进步，虚拟现实的暴露疗法成为可能，并成为解决这些问题的潜在方案。戴上头戴式显示器（一个配备有眼镜和耳机的头盔）后，病人们进入一个浸入式的交互环境，在这里他们可以重现创伤记忆，让他们可以不必自己在头脑中重现记忆的前提下，直接面对个人的经历。自20世纪90年代初兴起以来，虚拟暴露疗法在治疗焦虑症方面已经被证明十分有效。初期研究显示：该方法治愈率在 70%～90% 之间。国防部一直是研究最大的出资方，“虚拟伊拉克”和“虚拟阿富汗”几乎唯一的任务就是：让更广大的精神疾病治疗群体注意到这一治疗方法。如果我们问军队使用电子游戏对整个社会有什么影响，那么影响最大的一个领域就是心理健康领域。从这种意义上讲，这些战争在电子游戏方面最重要的遗产，或许与战争之前的准备没有任何关系，但是与如何治疗战后的创伤息息相关。

患者在使用“虚拟伊拉克”时，可以沉浸在各种设定模式和场景之中，这些场景取自于军队出资开发的商业电子游戏《全频谱勇士》。这款电子游戏拥有一个分为 24 个街区的城市场景。城市中，有的街道人流拥挤，有的则荒无人烟，另外还有一个市场，一个空空荡荡的停车场，数个检查点，数辆交通工具（有静止的也有正在开动中的），数个清真寺以及各类建筑物。用户可以独自在街道上走动，也可在计算机模拟的士兵陪伴下行走；可以进入建筑物的内部，也可以爬到房顶上。此外游戏中还有一个沙漠公路的场景，用户可以驾驶悍马吉普车超越其他人，穿过检查点和废墟，或是经过各种处于失修状态的建筑物。用户可以坐在车里，也可以在裸露的炮塔上当个机枪手（“虚拟阿富汗”有自己的一套背景、建筑物及其他相关细节）。体验“虚拟伊拉克”时，紧张的经历让我惊讶，这不完全是因为图像本身。确实，这个程序看起来像是电子游戏，但是头戴式显示装置以及其他辅助成分结合在一起，就营造出了一个让人紧张不安、生动形象的环境。

“虚拟伊拉克”和“虚拟阿富汗”最常见的疗程，通常分为 10 节，每节 15 分钟。第 1 节包括受理面谈和对整个项目的基本介绍。第 2 节介绍常见的暴露疗法和主观痛苦感觉单元量表。病人要使用单元量表向临床医师反馈自己的不适程度。然后病人开始想象暴露疗法。在第 3 节，病人将体验虚拟的世界，但不必回顾创伤经历。接下来的 6 节，病人将在虚拟世界之中重现创伤经历，并在叙述时不断增加细节和紧张程度。

临床医师使用所谓的“绿野仙踪”（Wizard of Oz）控制板，设定虚拟体验的模式，订制天气条件、一天中的时段（黑夜时可使用夜视仪）、周遭声音（如交通噪音、风声或是宣礼声），有时甚至还可以订制气味（燃烧的橡胶、垃圾、体臭、烹饪调味品以及火药味儿）。也可以在游戏中添加简易爆炸装置、汽车炸弹和炮火。设置这些的目的是重现病人最初的创伤体验，然后不断增加紧张程度。设定的情景不必与原始经历完全一致，只需包含一些类似的压力源，比如简易爆炸装置或是一群有敌意的陌生人。病人可以通过操作模拟的 M4 步枪来控制虚拟行为。这支步枪无法开火，只是作为稳定情绪的工具。

在特定环节中，临床医师保持与病人的持续接触，通过控制屏幕，他们能看到病人经历的事情。根据病人自己报告的 SUBS 数值以及可获取的生理数据（心率、皮电反应、呼吸），临床医师决定加速还是减速。他们也会提出一些问题，这些问题会得到病人的即时反馈，在病人压力增大的时候，他们也会提供支持。不论是单个环节还是整个疗程，进度均按照病人的节奏展开。

游戏的起源

“虚拟伊拉克 / 阿富汗”是艾伯特・里佐博士的创意。里佐博士是南加州大学附属创意技术研究所负责医学虚拟现实的副所长。创意技术研究所位于洛杉矶，由陆军出资成立，该研究所最初可追溯至迈克尔·齐达创立的游戏研究所。和他一起开发“虚拟伊拉克 / 阿富汗”的同事还包括埃默里大学的精神学教授芭芭拉·罗特鲍姆，和威尔康奈尔医学院焦虑与创伤压力研究项目主任约安·迪费德，他们同为一个规模很小但影响力不断上升的研究员小组的成员，正在从事虚拟现实暴露疗法的科目研究。

里佐与他在军方和地方的很多同行相比，迥然不同。他喜欢留长发，喜欢骑摩托车，满嘴脏话，但对人友好。和那些穿扣领衬衫、卡其裤的男同事不同，他更喜欢穿皮夹克、牛仔裤，穿哈利 - 戴维森牌子的 T 恤衫。他还是个狂热的英式橄榄球员。关于他的鼻子，《纽约客》杂志的苏·哈尔彭曾一度写道：“看起来都能碰到他的（那双或一只）靴子”[1]。每天他都抽很多“万宝路”香烟，整张脸经常是烟雾缭绕。非常有讽刺意味的是，吸烟的习惯，是他早年在经营一家禁止吸烟的诊所时养成的。不过，粗野的表面、松散慵懒的态度背后，是一颗富有同情、追求上进的内心。到目前为止（快到 60 岁），他一直致力于治疗创伤后的脑部损伤，致力于把新技术运用于行为健康保健。

“虚拟伊拉克 / 阿富汗”项目的起源可以追溯到 20 世纪 90 年代初。当时，里佐在加州科斯塔梅萨市一家医院工作，担任认知康复治疗师。因为他一直关注创伤后脑部损伤问题，所以大部分的患者都是年轻人，也就是接触高危行为最多的那类人群，比如饮酒驾车或是参加帮派的人员。患者通常一星期来医院 4 次，每次接受为期 4 小时的疗程。治疗期间休息的时候，患者们会到外面逛逛，坐在草坪上休息一会儿。里佐注意到他的一个患者，20

岁左右的小伙子蒂姆，每次休息的时候都会坐在树下，专心致志地玩一款里佐从未见过的手持设备。一天，他问蒂姆在干什么。“于是蒂姆向我展示了这款名为 Game Boy 的掌上游戏机。这是一个新东西，Game Boy，”里佐说，“当时他正在玩的游戏是‘俄罗斯方块’。我在一旁看他玩游戏，感觉他就好像是‘俄罗斯方块’的主宰。平时让这个孩子在特定认知重新训练上保持 10 ~ 15 分钟的关注都很难做到，但现在，他可以集中注意力做一件事情（玩游戏），而且做得越来越好。”没过多久，里佐发现，好像所有年轻的男性患者休息期间都在玩 Game Boy。

这个经历让他大开眼界。里佐一直在使用苹果二代（Apple II-E）软件进行认知训练，但是这款软件比较原始，与患者的互动也不是特别好。他感觉，采取基于计算机的方式能给他的工作带来更大的潜力。不过，直到在游戏环境下运行这些方式后，他才认识到自己究竟该怎样来运用这种潜力。

没过多久，里佐就拿到一个安装了“模拟城市”的任天堂红白机。这款游戏让他很着迷。他意识到，“模拟城市”强调了临床医生所说的“执行功能”，也就是整合一个人全部认知功能去完成既定目标的行为。除了要学习如何操纵接口外，玩家还需要制订策略并加以执行，监控自己的表现情况，修订和更新策略。“这些都是在复杂的日常环境下，大脑需要完成的事情。”里佐说。他把“模拟城市”拿给自己的患者，所有患者都喜欢上了这款游戏，他们每天都会专心致志地玩上好几个小时。

里佐对游戏产生兴趣的时候，虚拟现实正渐渐进入公众意识。他开始考虑重返学术界，因为这样他就可以寻找到一条道路，就是把这些新技术用于门诊实践。虽然他本质上不是一个

“技术派”，但他认识到：虚拟现实和游戏可以成为暴露疗法的完美搭配。“一开始时根本就不需要动脑筋。”他说。1995 年他在南加州大学阿尔茨海默病研究中心获得一个博士后的位置。在这里，他与阿尔茨海默病患者、创伤性脑损伤患者接触多年的临床经验派上了用场。不过，他也承认：“他真正的任务是同计算机科学领域的人员结交朋友，在计算机领域获得立足之地。”

接下来的几年间，里佐全身心投入，努力设计可用于临床环境的虚拟现实系统。完成博士后的研究工作后，他在南加州大学一体化媒体系统中心获得一个职位，和另一个程序员展开了一项涉及虚拟现实的研究工作。

2003 年 3 月里佐还在这个中心工作的时候，美国入侵了伊拉克。“我一直在关注事件的发展，官方宣布‘任务完成’，这些都是胡扯，”他说，“我当时就在想，要知道，他们说的是国家建设——这绝非一件容易事儿。”他觉得，这场战争很可能会造成一代受创伤的老兵。为了避免另一个越战后情形出现，他觉得健康医疗领域应该迅速采取行动，寻找到有效的易于采用的 PTSD 治疗方案。

在准备关于这个主题的谈话内容时，里佐登陆了创新技术研究院的网站，想看看能否找到一些相关材料。在网站上，他发现了研究所最新开发的《全频谱武士》[①] 游戏片段。“当我看到（这款游戏）的时候，”里佐说，“就好像真的在伊拉克。至少是我心

① 这款游戏是创新技术研究所创作的知名度最高，也是最有争议的项目。《全频谱武士》在商业上取得巨大成功，但在充当训练工作方面，却被证明毫无效果，这最终让陆军和创新技术研究所十分尴尬。事实上，陆军花费数百万美元开发了这款游戏，但是陆军既不能使用，也不能用来获利。与此同时，这款游戏的商业合作伙伴 THQ，虽然一点儿钱也没有花，却快速敛到 5000 万美元的销售额。——编者注

中伊拉克的形象——我还从来没有去过伊拉克，但这个游戏符合我心中那个有中东风格的伊拉克形象。当时我想，为什么不采用这个游戏的内容，加以修改，然后使它成为一个治疗工具呢？”

里佐联系了贾勒尔·佩尔，也就是 1997 年设计“虚拟越南”的创新技术研究所研究员。“虚拟越南”是首款用于 PTSD 治疗的虚拟现实应用，由研究人员在亚特兰大开发。用户有两个设定场景可以选择，丛林空地或者是休伊直升机，部分的游戏细节用户可以自行设置。虽然图像相对原始，但似乎很有效。对一位抵制治疗的患有 PTSD 的 50 岁老兵所做的案例研究显示：该应用效果良好。随后进行的小样本受控研究结果同样喜人。但是，由于没有在这些研究结果基础上采取后续研究，这个项目很快就不了了之。

里佐和派尔开始共同开发“虚拟伊拉克”的原型，并在 2004 年初完成。他们采用了《全频谱武士》中的图形设计技术来描绘伊拉克一个市场街道的情景。当里佐准备申请经费进一步推进这一项目时，他遭到了拒绝。此后，他一直四处求助，直到 7 月份。当时，《新英格兰医学杂志》发表了流行病研究员查尔斯·霍格及其沃尔特·里德军事医学研究中心同事共同撰写的文章。这篇文章首次介绍了在伊拉克和阿富汗美军士兵患 PTSD 的高比例。对美国军方以及公众来说，霍格的研究就如同一记警钟。

几周之后，里佐接到海军研究办公室罗素·希林打来的电话。希林原是迈克尔·齐达在海军研究生院 MOVES 的成员，曾担任《美国陆军》游戏的声音设计和首席调研员。他一直对先进技术怀有兴趣，不需里佐介绍，他已经清楚了“虚拟伊拉克”的潜力。虽然传统上海军研究办公室不支持临床研究，但是希林还是成功地找到了一些资金，并在 2005 年 3 月向里佐提供了继续研究所需的经费。

里佐开始在伊拉克和位于圣迭戈的海军医学中心之间来回奔波，与心理医生、军事人员和退伍人员接触，收集他们的反馈。南加州大学校园里的数百名士兵和退伍人员也都提供了反馈。反馈环节结束后，针对现役士兵的临床测试开始。测试结束后，45% 的测试对象不再患有 PTSD，另有 17% 的对象也显示出改善的迹象——这个比例好于在 PTSD 治疗上的平均数值。

里佐预想："虚拟伊拉克"对临床医生和病人来讲都会有所帮助。"要想成为一个优秀的暴露疗法临床医师，必须要有一定的想象能力，"他说，"必须学会引导患者，使他们在想象或回忆到残酷的事情时，不会感到不舒服。有了虚拟现实，你就掌握了有条理地控制暴露节奏的工具。如果你不是特别有想象力的暴露疗法临床医师，那么这个工具能够让你变得优秀。"

里佐认为，这个项目带来的第三个好处是：它能减轻心理健康治疗在士兵眼中的不好的名声。"总会有这样那样的声音。（或许他们会说）'这看起来很像电子游戏，那我来试一试吧'。不过，这仍然是一个治疗的方法，不过是在游戏的背景下进行。所有接受过治疗的士兵都说，'我很高兴人们采取了这种方式。相比让医生找病因，这种方式好多了。'"2008 年一项对超过 300 名现役人员的调查显示：在坚决拒绝接受传统治疗方式的人群中，有五分之一愿意尝试"虚拟伊拉克"。

盒子中的怪物

当杰里·德拉·萨拉开始使用曼哈顿退伍军事医院的“虚拟伊拉克”时，他和临床医生迈克尔·克雷默正踏上一段相对未知的旅程。不过，他们的疗程形式与项目的标准使用方法是相匹配的。克雷默根据之前与德拉·萨拉谈论的情况，设定了一个护送任务作为德拉·萨拉要完成的基本设定。因为治疗过程中要逐渐增加患者的压力水平，所以在分为几个环节的疗程中，克雷默增加了一些细节，这样既可提高设定的真实性，也能增加德拉·萨拉经历的紧张程度。他添加了爆炸、拥堵的道路、浑身是血的士兵和平民。利用项目的气味机器，他在悍马吉普车的柴油气味里，添加了开过火的武器所散发出的火药味。他还增添了阿布格莱布战斗的一些细节，特别是来袭迫击炮弹和火箭弹震耳欲聋的呼啸声，这两种声音至今还在困扰着他。随着这些细节的一一加入，德拉·萨拉一遍遍描述着他的经历。他的所见、所闻、所听与他自己的记忆混合在一起，让他无法忍受，使他想扯下头戴的显示设备逃离房间。

当德拉·萨拉达到最终压力点的时候，通常是一节开始 30 分钟左右之后，克雷默会提供给他一些策略，帮助他缓解快要崩溃的情绪。克雷默随后还会劝诱德拉·萨拉尝试另一项护送任务，并催促他不要中途停下。（因为操纵杆是由患者控制的，他可以决定情景的速度和时长。）按德拉·萨拉的说法：“只要在整个过程中保持交流，允许（临床医生）在你突然惊慌的时刻帮助你平静下来，那么你就能自己感受到身体经历的状况，从而有力量、有能力把心情平静下来。”

几周过去之后，德拉·萨拉感觉自己越来越有信心坚持到情景的最后。一开始的差别并不大，不过随着时间的推移，他觉得受情绪的控制越来越小，更多是他在控制自己的情绪。

对 PTSD 及其治疗来说，这种转变是一个关键。像德拉·萨拉这样的患者，常常感觉无力控制自己的身体和情绪，这种无能为力感带来的恐惧，有时像创伤的记忆一样，会造成严重的后果。对德拉·萨拉来说，认识到自己在障碍症面前不再束手无策的那一刻，正是他康复之路的开始。当然，康复和治愈并不是一回事。受创伤的记忆不会消失，只是影响他的能力变弱了。“PTSD 就像盒子中的怪物，”德拉·萨拉说，“你必须给予足够的重视，这样才能知道如何控制它，因为有些时候 PTSD 会控制你。这也不是你的错。一旦决定接受这一现实，那么或许你就能学会如何将它关回盒子了。”

德拉·萨拉说，第一年治疗期间他和克雷默的交流，让他准备好了接受“虚拟伊拉克”提供的更加激烈、浸入程度更高的治疗方法，这些能让他更容易取得进步。这个项目还能让他有能力解决原本不愿面对的问题。如果没有这个项目，德拉·萨拉说，他可能还不知道自己现在会是什么样。“我愿意承认的是：人确实能变得更强大，可以变得更自信。自信可能是最合适的词。但是，你也不应该因为自信而放下戒备。”

“我会是第一个说技术不能治好病的人，”里佐承认，“技术只是冷冰冰的工具，但是能帮临床医生把工作做得更好。我认为‘虚拟伊拉克 / 阿富汗’的作用就在于此。人类大脑有种强大的倾向，在我们看电视、电影或是戏剧时，会停止怀疑。模拟技术能够以更为综合、相关的方式，采用控制的方法，让大脑停止怀疑。”一旦 PTSD 患者在治疗过程中获得对自己记忆的控制，他们就开启了心理学家所说的“消退”之旅。“他们重新体验记忆，”里佐说，“但是客观上不会发生什么真正的坏事。确实会有一些不好的记忆，但是过去的记忆并不会真正伤害生活在当下的你。它们可能会对你有一些困扰，但也这正是通过讲故事的方式，处理情感问题的好时候。”

根据《网络治疗与康复杂志》中，超过 15 项涉及各类人群的研究显示：虚拟现实暴露疗法能够增强针对 PTSD 的传统认知行为的治疗机制。[2] 该杂志报告称：大多数研究显示治疗成功率在 66%～90% 之间。与此同时，《健康技术与信息学研究》的一期文章总结了海军出资开展的一个项目案例的研究结果。[3] 这项研究比较了在治疗现役海军看护兵、修建营成员以及海军和海军陆战队支援人员方面，虚拟现实暴露疗法与传统治疗方法效果的异同。研究结果显示：虚拟现实暴露疗法可以显著降低抑郁、焦虑和 PTSD 的症状。

最近，《军事医药》杂志报道了一个治疗计划的情况。[4] 这项计划旨在开发和测试一种方法，即运用虚拟现实暴露疗法诊断和治疗患有 PTSD 的现役军人。42 名军人登记参加，其中 20 人完成治疗。在这 20 人中，15 人的 PTSD 症状缓解了至少 50%，治疗后不再符合 PTSD 公认的医学标准。平均起来，PTSD 分值下降 50.4%，抑郁分值下降 46.6%，焦虑分值下降 36%。分析显示，PTSD、抑郁与焦虑在数值上的大幅下降都发生在治疗过程中，而且在后续阶段也得到了保持。

当然，对虚拟现实暴露疗法的发展来说，临床医生是否有使用的意愿至关重要。最新一期《精神病医疗服务》杂志刊登了一篇文章，评估了退伍军人健康管理局的精神病临床医生们对把虚拟现实作为评估工具或暴露疗法组成部分的看法。[5]虽然研究表明把虚拟现实作为治疗手段是可行的，临床医生也能够接受，但研究同时也显示，能否成功地把这项技术用作评估和治疗的工具，取决于在特定条件下人们将之视为帮助还是阻碍，而这受到官僚主义以及其他方面的影响。

鉴于初期在虚拟现实暴露疗法和 PTSD 研究上取得的积极成绩，军方将努力去除任何影响继续使用和扩大这种治疗手段的障碍。对德拉·萨拉这样的士兵来说，虚拟现实暴露疗法也许是康复的关键。海军陆战队军士长罗伯特·巴特勒曾在伊拉克待过一年，回国后表现出典型的 PTSD 症状。他承认虚拟现实暴露疗法"非常艰难。非常艰难。因为之前一直努力不去想自己部署期间的经历，但现在却要让你回忆出原本不惜代价要逃避的记忆。太难了"[6]。不过，巴特勒军士长说："对临床医生来说，采取（虚拟现实）的治疗模式，确实是个了不起的主意。这要好于只是坐下来，让医生一点点儿把这些记忆从你大脑中找出来。现在你就在现场。'砰，啪'，你和你最害怕的恶魔直接面对面。

"我的意思是，我百分之百好转了吗？没有，我不会说已经百分之百好了。但是我找回了自己的生活。我现在可以做很多以前做过的事情……我不是要一直逃离愤怒。这种治疗方法……可以说拯救了我的生活。挽救了我的婚姻，这是可以肯定的。所以如果你问我这种方法是否有效，我会回答说，'是的，确实有效。'"

创新之战：21 世纪的医学虚拟现实

“战争很糟糕……但是确实驱动了创新。”里佐做公共演讲时，幻灯片第一页通常是这一句话。正如他所指出，这些创新对民间医疗保健和精神健康康复产生了重要影响。诚然，正如我已经强调过的，军队对教育产生了重大影响，军队对美国医疗保健产生了同样甚至更大的影响，包括心理学领域的成长与发展。“对人性来说这是个不幸的注释，但这就是事实，”里佐说，“军方走在最前面。”

当里佐收到海军研究办公室“虚拟伊拉克”启动资金时，他意识到除了治疗 PTSD 之外，这个项目有潜力扩展到其他卫生保健领域。他联系了创新技术研究所执行主任兰德尔·希尔。“虚拟伊拉克会是一个很好的开端，”他告诉希尔，“我觉得可以扩大这个研究项目，因为军方想要的一定不只是治疗 PTSD。”希尔同意了，随后里佐于 2004 年 10 月 1 日正式加入创新技术研究所。在随后的几年间，正如他所说，里佐不仅完成了“虚拟伊拉克/阿富汗”，还开发了一系列把电子游戏技术用于退伍军人卫生保健的其他项目。

现在，里佐负责监督四个附属实验室，它们统称为“创新技术研究所医学虚拟现实实验室”。这些均是从“虚拟伊拉克”项目衍生而来的。里佐提出成立这些实验室的想法，把实验室组织起来，然后请其他人负责运营。（作为一名管理者，现在里佐大部分时间都在起草申请书和文章，建立网络。）虚拟现实心理实验室关注了 PTSD、抗压能力和痛苦分散工作；运动康复实验室关注体能康复；神经模拟实验室关注神经心理学；虚拟患者实验室关注的是创新技术研究所过去十年开发的虚拟人像技术，里佐团队将其转化为了临床工具。

在这些临床工具中，最先进的是被称作“模拟辅导员”的基于网络的应用。在这个应用中，虚拟的人员充当顾问和倾听者，帮助那些可能患有抑郁、紧张、药物滥用、自杀意念、脑损伤和交往困难等问题的军队人员。这是一个要在收治之前使用的工具，和在线治疗的形式不同。开发“模拟辅导员”耗资1000万美元，其首要目的之一是扫除士兵在接受治疗上的诸多障碍。其中最突出的一个障碍是：士兵们普遍认为，如果承认自己需要帮助，军方可能对他们做出负面评价。这些障碍长期困扰着军队。心理健康咨询小组最近对部署在阿富汗的士兵展开一项研究[7]，结果发现，超过50%的士兵认为要是他们寻求行为健康上的治疗，就会被人视为软弱；34%的士兵认为，寻求帮助不利于职业发展。因为用户在与“模拟辅导员”互动时是匿名进行的，因此里佐和他的小组认为士兵们会更愿意采用。虽然这个应用和医疗网（WebMD）使用的基本内容相同，但是由于它采用虚拟人物传递信息，这就增加了收集信息时，患者与其接触的社交动力，让患者能一直参与其中。

军事人员在寻求医疗保健时还会面临其他的障碍，包括能否接触到、能否获得医疗保健。比如，在特定地点是否有足够的医护提供者，需要帮助的部队人员又能否轻松到达这个地点。美国心理协会的军队部署服务部的总统特遣小组最近宣布：它未能“发现有任何证据可以表明，在向部队人员及其家属提供行为健康治疗方面，存在协调周密或传播顺畅的路径”[8]。因为“模拟辅导员”是基于网络的应用，随时随地都可使用，因此，至少关于能否接触到、能否获得医疗保健的问题，得到了解决。

在一个明媚的10月的早晨，我坐在创新技术研究所一间向阳的会议室里，此时里佐正在向一群来自南加州大学凯克医学院和洛杉矶县医院的教学人员和医生们展示“模拟辅导员”应用的情况。这个会议，是里佐及其团队为推动和拓展“模拟辅导员”及相关应用所做工作的一部分。他们希望能够让更广泛的南加州大学群体首先接受这些应用，然后再推广到全国范围的医疗群体。里佐甚至专门为这次活动换了衣服：他穿了条黑色的牛仔裤、一件黑色扣领衬衫，还把头发扎在脑后梳了个马尾辫。

展示一开始，里佐首先向我们介绍了“模拟辅导员”中的一个虚拟人物，比尔·福特。比尔是个头发灰白的越战老兵、白人男性，讲话时一口南方口音，带着让人生厌的过度亲近感。他穿着长袖的灰衬衫、蓝牛仔裤，坐在一座房子后门廊的木桌旁。在他眼前，田野和树林向远方铺开。（“模拟辅导员”看起来很像电子游戏。）他的手边放着一杯咖啡，于是，比尔就这样开场了。“系统让我向你们解释下，我不是真人。”说完这个细节，比尔开始谈到他的一个士兵朋友贾里德。贾里德不久前刚从阿富汗和伊拉克执行完任务回国，现在面临着很多问题。随着比尔一一列举贾里德的问题（包括抑郁、和家人吵架、幻觉重现等），屏幕的下角也开始显示出一些问题。第一个问题是，“你是否正经历着类似的问题？”（使用“模拟辅导员”系统的士兵要回答这个问题以及其他类似的问题，以便对他们可能正苦苦挣扎的问题有个大概了解。）最终，比尔停止谈论贾里德。“好吧”，他对用户说，“从刚才你的反馈看，你现在

患有幻觉重现

对回忆感到烦恼

回避可能引发回忆的事情

对不对？”

根据用户做出的不同回答，比尔会给出一些可能有帮助的资源建议：文章、网站、视频证言、支持小组、当地供应商的清单。“这是你们区域人员的联系方式，”这样说完后，他可能会接着问，“知道找顾问要问什么吗？”如果得到的回答是否定的，比尔会给出一些额外的指导。

虽然比尔·福德有点傻乎乎的，但他还是很有帮助的，这一点毫无疑问。里佐和他的小组面临的问题是，士兵们与比尔以及其他“模拟辅导员”角色接触后，是否会停止不信任感。（里佐正在进行一项研究，来寻找这个问题的答案。）此前的研究已经表明，对虚拟角色来说，图像并不是最重要的因素，这一点让人很是意外。相反，角色的动作（手势、点头等）是建立亲密关系的关键。研究也显示，人们对虚拟角色的反应方式与他们对真人的反应方式是一样的，这只是因为除此之外我们不知道其他的反应方式。

里佐的小组还开发了一些其他的虚拟人物，可用来培训与军队人员打交道的临床医生和社会工作者。南加州大学社会工作学院的特点是专注于对军事社会工作的探索，目的是让学生们对国家军事人员的特殊教育需要做好准备。在里佐演示“模拟辅导员”的同一个会议上，创新技术研究所虚拟病人模拟实验室主任帕特里克·肯尼炫耀了他的实验室的最新发明。社会工作学院很快就会采用这些成果。肯尼首先介绍了使用真实演员的种种局限性，按照惯例，这些被用来扮演角色的演员其实都是初出茅庐的社会工作者。他说，首先，真实演员需要接受大量的培训，之后才能胜任角色。其次，他们还不能全天候地参与演出，另外，真实演员的高流动率也是个负面因素，肯尼说，特别是儿童演员非常难找。

作为和真人演员的对照，肯尼正在开发一系列标准化的虚拟病人，他们不受任何真实世界缺陷的制约。他炫耀了实验室最先进的虚拟病人阿拉马尔·卡斯蒂利亚。卡斯蒂利亚的故事是这样的：他刚刚结束第三个海外任务回来，正饱受 PTSD 的折磨。烦躁、愤怒，对治疗环境表现出明显的不自在，卡斯蒂利亚要求精神保健工作人员采取更加含蓄的方法。肯尼向我们展示了最坏的情形：临床医学学生问了很多不合时宜的问题，包括最让人瞠目的问题，比如“你有没有杀过人？”，“去你的吧，我不需要这个”，卡斯蒂利亚在气冲冲走开之前，丢下这么一句话。模拟很难达到完美的程度：卡斯蒂利亚的口型和说话不同步，声音像是机器人，让人感到不安。因为声音识别软件还不理想，卡斯蒂利亚和其他虚拟角色有时会作出错误的反应。而且，在这个时刻，肯尼设计的问题也只有封闭式的，也就是说只能做出非常具体的回答，而设计开放性的问题要难得多。这些都是肯尼和他的团队还在努力攻关的问题。

这天晚些时候，《浸入式海军军官训练系统》被介绍给我和其他在场人员。这是个围绕虚拟人物打造的另一个类似于电子游戏的项目。该项目针对的是刚从海军学院毕业的年轻军官。作为工作的一部分，他们必须向年长的士兵就敏感的个人问题提出建议。例如，面对一位三十多岁，担心妻子弃他而去的海军水手，只有 22 岁的娃娃脸军官不得不为他提一些建议，这时会发生什么事？我们看过一个虚拟的场景，炮手卡布里罗因为刚刚在工作场所推撞了另一名炮手托马斯，而被指挥官叫去作解释。（在这个项目中用户扮演指挥官）。卡布里罗对他的行为表示道歉，但是他说托马斯“讲他妻子的脏话”，称她对自己不忠。用户必须要教授卡布里罗学会如何应对这种局面：他应该直接报告给指挥官，而不是动手。这接着引出了另一个场景，卡布里罗发现炮手托马斯说得没错：他的妻子确实对他不忠。随着项目的继续，问题变得更加复杂。

经过一天漫长的展示，里佐把南加州大学的教师们和医生们召集过来，围坐在一起讨论他们的见闻。一起的还有前陆军少校托马斯·塔尔博特，武装部队医学模拟研究所的首席科学家、创新技术研究所的内部医师。塔尔博特当天负责展示，他和里佐急切地想知道观众们是否会在各自医疗机构中使用“模拟辅导员”这样的项目。例如，塔尔博特说，他和里佐正在准备一份提议，准备免费向医学教育者提供他们的虚拟标准化病人。在场的人会对这个提议感兴趣吗？会的。塔尔博特解释说，只要在这间屋子里的人能如他和里佐所愿的进行采购，他就能开发最低数量的标准化病人。“创新技术研究所想从你那儿获得的，”他解释说，“是联系的机会。或许你可以自己申请经费使用我们的技术；或许你可以同我们分享你在标准化病人方面的经验，提供关于未来应用的反馈；又或许你可以帮我们同你在全国熟悉的医学教育者建立联系。”

塔尔博特清楚地感觉到，他并没有获得所期待的积极回应。“我们即将收获这项技术带来的重大的了不起的东西，”他在屋子里劝说着，“希望你能加入我们！”

里佐接着话茬，继续说明理由。“我们是在国防部十二年的经费支持的基础上发展而来的，”他说，“现在我们正处在两用技术大行其道的时代。我们收集的军队资助的数据，你们可以拿来用于自己的项目申请。”他鼓励屋子里的这些人成为实现创新技术研究所事业希望的领导者。

军方资助下的在交互数字培训与教育领域的创新，很可能很快就会传播到民用领域。传播的过程常常就是这样发生的，没有突然的爆炸性增长，国防部也没有采取统一动作影响民用领域的实施。相反，这里只有人员之间的接触，不断扩大的联系网络，以及像里佐、塔尔博特这样的人不遗余力的努力，努力在尽可能大的范围内让他们的成果发挥作用。

全方位士兵健康项目

最近，陆军开启了一个名为“全方位士兵健康”（Comprehensive Soldier Fitness，简称 CSF）的新项目。这是个“组织周密的长期评估与发展项目，旨在提升每名士兵、军人家属以及（国防部）文职人员的适应力，增强绩效”[9]。在阿富汗与伊拉克战争开始十多年后出台的 CSF 项目，目的是培养“发展平衡、身体健康、充满自信的士兵、军人家庭以及陆军文职人员，让他们拥有足够的适应力，能在作战节奏快速、冲突不断的时代取得成功”。该项目秉持的理念是：在战争持久的情况下，陆军群体需要有一个自上而下的计划，在士兵部署前强化他们承受战斗中不可避免的精神和身体压力的能力。陆军希望通过这一举措，扭转与战争有关的社会和心理问题爆炸性增长的势头。这些问题包括：PTSD，家庭破裂，以及人员疲惫不堪、士气低下。批评人士称：CSF 项目意在把士兵及其家人变成不受战争创伤影响的机器人，而这是违反人类本性的。

虽然里佐是个强烈的自由主义者，但并非批评者。他想运用游戏和模拟技术建造一个适应力训练系统，在教士兵学会应对压力时，这样的系统会比传统的“夺命 PPT”介绍方式更加有效。“我们相信，使用组织非常周密、有人引导且基于故事情节的模拟手段，能让人们在战场上更好地应对情绪上的挑战。”他说。具体来讲，他设想的是像《兄弟连》一样的 5～10 分钟一集的系列场景，像电子游戏那样拥有充分浸入的优势。“你就好像是和一群数字化人物一起坐在悍马吉普车里。他们的谈话方式和第一部《铁血战士》电影中坐直升机飞行时的那些演员们一样，当飞机起飞时，所有人都在开玩笑、说脏话，”他这样解释说，“但是你要强化这种叙述，强化这样的故事情节，这样人们就会像在电影中那样，和那些数字人物团结在一起。每集结束的时候，总会有些事情恶化。可能是遭遇袭击，也可能是遇到不得不处理的人体残骸；或者是看到平民被杀，却无力阻止；也可能是看到自己的战友被杀或是受伤严重，或者意外地杀死了某人。在这样一个时刻，一位虚拟的顾问就会走出来引导着问你：‘你怎么评价这件事？以前你有过哪些类似的经历？你觉得是什么原因导致这件事情的发生，或者在这起事件中你有什么作用或责任？’”

里佐已经从军方获得了启动资金，开发三集场景。每一集都包含了众多应对用户压力反应的物理措施。“我的设想是，整个训练项目共分 30 集，新兵训练结束后就在各自兵营里开始这项训练，”他说，“完成每一个流程后必须参加一个测试，如此进行下去。这样，在一开始，人员就接受一次模拟。把人员置身这样的背景下，或许我们就可以把他们训练得能更好地应对各种局面。”

一定要有拥护者

一天傍晚，我在马里纳德尔雷伊湾主路边的一家灯光昏暗的酒吧里，和里佐、塔尔博特深入地聊他们的工作。医学虚拟现实实验室的各类倡议让里佐兴奋不已，他迫不及待地想对更多的用户展开研究，这样就可以评估士兵对这些倡议的反应。里佐在过去几年的研究显示人们大多会对故事产生反应——引人入胜的叙述方式是与人们进行真正沟通，对他们进行教育的最好办法。虚拟伊拉克 / 阿富汗获得了进行重复随机试验的资金，并将在全国每一所退伍军人医院展开。里佐希望，“模拟辅导员”和他团队的其他倡议也能够得到类似的积极反应。

“麻烦满天飞”，里佐这样形容他的工作，但是到什么时候才能结束呢？五角大楼真的会为有关军人群体的有效行为的保健工作投入所需资源吗？在他和军方打交道的岁月里，里佐认识到“必须得有个拥护者，一个能让变化真正发生的人，一个想让人们重视这些变化的人”。在他看来，罗素 · 希林就是这样的拥护者。希林不仅为“虚拟伊拉克”提供了首笔资助，而且他还通过他现在 DARPA 的职位资助了“模拟辅导员”项目。当了解到海军研究办公室正在资助虚拟伊拉克项目后，陆军决定不加入其中。他说，军种之间的这种裂隙和对抗不可避免地会伤害战场上的士兵，而不是国内那些待在陈设华丽的办公室里的领导们。

据称“全方位士兵健康”有所不同——这是陆军一个自上而下的倡议，该倡议承认过去十年部队受到的损害。我向里佐和塔尔博特建议，这个项目可能会让军事人员无法对战争的痛苦与磨难作出理性的人道的反应。塔尔博特表示坚决不同意。“想想这些来到部队的年轻士兵，”他说，“他们参军是为了逃离糟糕的生活——他们不知道未来会是什么样。然后，他们被派到海外，突然之间开始了地狱般的日子。等到他们返回家园，伴侣已经离开他们。他们束手无策。压力适应力训练并不是要把他们变成机器人，而是要让他们成为**人**——让他们愿意正视自己的情绪，愿意寻求帮助。才19岁大的孩子们，亲眼看到自己的朋友们被杀，看到婴儿被炸死，他们该怎样应对这一切呢？这是一些普通的人并不会面对的压力。”里佐说，批评者应该很高兴地看到，有一个像他这样的自由派正在同军方合作，帮助塑造这一切。他说，他一直在关注这一切。

这天早些时候，我参加了里佐和他的一群研究员召开的会议，当时他们正在讨论如何把“模拟辅导员”变为一个评估工具。他们最近收到95万美元的课题经费，准备改造“模拟辅导员”项目并将其用于一项年度的评估计划。军方所有的卫生健康提供商都需要参加这项计划。几天后，陆军要去创新技术研究所参观，看看项目的进展情况。里佐和他的团队一方面要照顾陆军对成果的期望，同时也打算向陆军推销他们的想法。“这是一次重要的机遇，可以把我们和‘模拟辅导员’呈现在军方专业人员面前，”里佐对这群人说，“这是传播的关键机会。我们要厚着脸皮自我推销。”

后来，等到会议开到一半的时候，里佐突然有了一个想法：

尽管工作面临很多压力，每天有数不清的头疼问题，但是对他来说，这难道不是他生命中最有成效的时光吗？身边都是他信任的人，也是信任他的人，他们工作不是为了钱——和企业界相比，这种情形并不多见——而是因为他们相信这项工作。他感觉自己陷入了一种置身于未来的怀旧状态。他努力保持这种状态，让自己彻底进入其中。接着，他把自己从这种幻想中解脱出来，重新投入手边的事情之中。

注 释

1. Halpern, “Virtual Iraq.”
2. Wiederhold and Wiederhold, “Virtual Reality.”
3. Parsons et al., “Neurocognitive and Psychophysiological Analysis.”
4. McLay et al., “Development and Testing of Virtual Reality Exposure Therapy.”
5. Kramer et al., “Clinician Perceptions.”
6. WILL Interactive brochure, n.d.
7. Casey, “Comprehensive Soldier Fitness.”
8. American Psychological Association, “Psychological Needs.”
9. Comprehensive Soldier Fitness, http://csf2.army.mil/about.html.

第八章

结论:《美国陆军》侵入校园

2008年，驻扎在俄亥俄州的陆军第3征兵旅，遇到了一个难题：在如此众多的教师和家长都反对在校园征兵的情况下，如何在俄亥俄州公立学校中增添陆军的存在感呢？这是全国征兵人员面临的普遍问题，不过第3征兵旅独树一帜地找到了一个新奇的解决办法：它与一个名为“引路计划”(Project Lead the Way)的非营利教育内容供应方结成伙伴关系，通过在全美高中学校课程中推广《美国陆军》游戏，“提升学生对工程和技术领域的兴趣”[1]。为适应各类课程的模块，他们重新调整了游戏的视图和场景。因为“引路计划”的课程大纲事先已在全美50个州获得批准，所以大纲中《美国陆军》这部分内容将自动获准在全国学校中使用。

这个策略奏效了。在俄亥俄州教育厅支持下，经过一年成功试用，“引路计划”开始向全国公立学校免费推广《美国陆军》学习模块。“引路计划”负责项目工作的副主席理查德·格里姆斯利告诉我，目前，全部50个州共有超过2000所学校在使用这款游戏。

《美国陆军》游戏负责与“引路计划”合作的两位职员，项目主任克雷格·艾歇尔克劳特和负责教育/训练联络的凯瑟琳·萨默斯坦然地确认了陆军的动机。我在亚拉巴马州亨茨维尔红石兵工厂见到他们时，艾歇尔克劳特说：陆军的目标不仅仅是要在公立学校树立军方的正面印象，也要“（首先）找到进入校园的办法。因为目前在很多学校，如果征兵人员去的话，校方甚至根本不让你跟学生接触”。他说，把这款游戏和“引路计划”捆绑在一起，意味着陆军“不必再一个一个学校、一个一个校董地做工作”。他还告诉我为什么陆军会选择把“工程原理”课程作为第一个模块：“工程原理课是每个学生必选的模块，因此我们觉得这样安排，可以影响到的学生人数最多。”

在对学龄群体科学、技术、工程和数学等方面的技能培养上，陆军与“引路计划”有相同的兴趣。从陆军的角度看，这些所谓的理工（STEM）技能是当前和未来的战斗部队取得成功所必备的要素；对“引路计划”来说，拥有这些技能，能让我们的劳动力在全球经济中占据潮头地位。随着两个机构合作的展开，他们在游戏可允许的爆炸规模上产生了重大分歧。同样重要的是，引路计划“希望确保这些孩子能明白这些发射装置背后的数学知识，诸如此类，”理查德·格里姆斯利告诉我，“而不只是简单地炸掉什么东西。对（陆军）而言，这是个巨大的挑战。”

和“引路计划”建立伙伴关系，只是《美国陆军》提升校园知名度的手段之一。由于凯西·瓦尔丁斯基成为亨茨维尔市学校的督学，在红石兵工厂的《美国陆军》团队正在为亨茨维尔教学大纲开发游戏应用。这些应用可以通过苹果的平板电脑或手机在教室直接下载，也可以在游戏公众征兵版和私人训练版之中重复利用。瓦尔丁斯基与美国陆军网络司令部合作，重新调整亨茨维尔学校的教学大纲，把培训重点放在了有效发动或防御网络战所需的技能上。从2012—2013学年起，该市的初中和高中增加了一个项目，旨在把学生培养成技术高超的“网络战士或者网络守卫者”，该计划的初衷是让这些学生在高中毕业后直接进入陆军服役。（陆军网络司令部除提供士兵担任指导老师外，还提供了适当的教学大纲。）结束部队的服役后，这些亨茨维尔市的毕业生将返回家园，为本地区众多的国防承包商工作。对瓦尔丁斯基来说，最理想的是，这种模式能在全国所有校区采用。

虽然很多教师反对在教室中加入展现军队的内容，但俄亥俄州负责公共教学的学监苏珊·塔维·泽尔曼却并不反对。“当美国陆军找到我们的时候，”泽尔曼说，“我们认识到这个项目是一个绝佳的机会，我们可以在一种让学生兴奋的学习环境中与其交流……采用学生们熟悉并喜欢的教育平台，这标志着教育范式的真正转变！”同样热衷于军事－公立学校联盟的人还包括全国州教育委员会协会执行主任布伦达·韦尔伯恩以及该组织前任主席布拉德·布赖恩特。在宣布陆军将在南卡罗来纳州杰克逊堡主办“共同建设强大未来”会议的时候，韦尔伯恩断言，这次会议（军方）将“鼓励并将继续同其最大的雇主之一公立学校系统展开对话”[2]。在给全国州教育委员会协会的一封公开信中，布赖恩特赞叹，参与者将“有机会测试（陆军的）武器模拟系统，……体验悍马吉普车侧翻系统，通过高塔演练克服恐高症。我们可以说这是高中的实践学习吧！”[3]

对与军方合作的学校官员来说，这种关系也完全说得通，因为国防部有资金，而公立学校急需经费。这种逻辑关系推动了企业界在教育领域的存在越来越多——比如，教科书中经常会出现品牌名称，或者学校与可口可乐、百事可乐公司签订独家自动售货机的协议。不过，与军方的联系把这个过程又向前推进一步：军方把高端的学习工具带进教室，创造出这样一些课程领域，在这些课程中，沉浸于军方品牌的虚拟世界成为学习体验的主要特征。

正如我所说，陆军进入校园的首要原因是为了征兵。但是，正如“引路计划”的例子所显示的，更具体的目的是为了招募有一技之长的年轻人。保守派和自由派难得达成一个一致意见，他们都认为只有大力提高和加强在校生的理工知识，美国才有可能拥有和过去一样辉煌的未来。奥巴马政府也同意这一观点：它向“为创新而教育”运动注入了数亿美元资金。用奥巴马的话说，这项支持理工教育的倡议致力于“再次重申并加强美国作为世界科技发明和技术创新发动机的角色”[4]。虽然保守的传统基金会尖锐地批评奥巴马政府的工作，但原因并不是像人们认为的那样由于大量联邦资金的使用，而是因为传统基金会希望州和地区一级的政策制定者在决定如何使用这些资金时，能够拥有更多的灵活性。

传统基金会的报告明确表示：对保持国家“全球竞争力”和“美国安全”来说[5]，受过理工教育的劳动力必不可少，同时报告也抱怨，在理工方面，美国学生“现在已经被来自列支敦士登、斯洛文尼亚、爱沙尼亚和匈牙利的学生赶超”。为支持其观点，传统基金会引述了1983年国家教育委员会的《国家处于风险之中》，这是一份关于美国地位下降的极其歇斯底里的研究报告，它的内容如下：

> 我们的国家正处在危险之中。在商业、工业、科学和技术创新方面，我们曾经拥有绝对的优势，现在却正在被全世界的竞争者赶上……一代人以前曾经无法想象的事情已经开始发生，其他国家正在赶上并超过我们的教育水平。如果哪个不友好的外部势力试图利用当今美国平庸的教育表现，我们或许可以将其视之为战争行为。

现在，主张“教育是国家安全必要条件”的言论，与第二次世界大战期间一样司空见惯。当时，学校各类计划全部停止，让位给宣传性的电影和文本，目的是向全国最容易接受新观点的孩子们，宣传爱国主义美德和军队的勇敢精神。当前，那些高声嚷嚷着认为美国的学校在中国和其他国家面前已经丧失竞争优势的言论，和20世纪80年代的恐慌如出一辙。当时，面对日本工业和创新的崛起，国内学者全都紧锁眉头，手足无措。电子游戏的使用给这一时代争论带来了独一无二的21世纪的变数。例如，奥巴马政府最近设立了“全国理工电子游戏挑战赛”。这是一个“多年期的竞赛活动，目的是利用学生们对玩游戏和设计游戏天生的热情，激发美国年轻人对理工学习的兴趣”[6]。白宫还做出一个史无前例的举动，聘请一位电子游戏界的权威来制定国家电子游戏政策。康斯坦丝·斯坦库勒博士是威斯康星大学麦迪逊分校教育学教授，出任白宫科技政策办公室高级政策分析员职务后，负责指导政府制定战略，推动并利用在教育、公民参与、健康、环境以及其他领域的严肃游戏的力量。斯坦库勒负责搭建政府、学术界以及私人部门之间的联系。

这种联系越紧密，军方对国家21世纪的教育方式影响也就越大。毕竟，军方长久以来一直处在严肃游戏的潮头，多年前，斯坦库勒在担任我的学位论文答辩委员会委员时，就曾这样对我说过，不仅《美国陆军》成为首款（甚至可以说是迄今为止最著名的）最为轰动的严肃游戏，并且如我们所见，军方在多个领域都应用了电子游戏，可以说，电子游戏在军方的运用比任何其他机构都要广泛。除此之外，我们面对的情况还有：非军方机构把电子游戏用作学习工具，这一现象呈现出的爆炸性增长。电子游戏的使用有可能急剧改变未来数十年学习与教育的本质。《纽约时报杂志》报道称：越来越多颇有影响力的教育专业人士认为，学校应该改变模式，应该更密切地效仿优秀电子游戏。[7]也就是说，学校应该强调积极的、浸入式的情景学习。在美国的一些州，比如北卡罗来纳、弗吉尼亚、内华达、亚利桑那、得克萨斯、科罗拉多和马萨诸塞，基于电子游戏的学习方式已经在一些精英学校扎根。纽约市最近开办了一家“追求学问”的学校，这是全国首家完全按照优秀游戏设计原理制订课程大纲的公立学校。（学校的创始人和执行主任凯蒂·萨伦，也是电子游戏设计人员。）

由于采用电子游戏的教学方式，军方引领新教学方式的长久传统得以继续传承。但是，也正是因为电子游戏的教育潜力，我们需要问问应该把这种潜力引向何方。迈克尔·马其顿在谈及军队在游戏方面的工作时，注意到“面临的重大挑战并不是找到合适的技术（事实上，我们已经快要实现这一点了）。当前的真正挑战是：我们是否有适合的故事情节？故事情节是否与现实相符？我们教授的内容合适吗？”[8]同样，在谈到军队对学校的影响时，我们怎么判断什么才是“合适的故事”？又应该怎样使用电子游戏来影响这种判断？

和置身严肃游戏运动之中的那些人一样，我相信电子游戏在主动学习领域有广泛的应用。那么，在我刚才描绘的情景中，可能会存在哪些危险？军方对电子游戏的使用究竟会对学校产生什么样的影响，又或者说，把军队真实的游戏改编，运用于学校，又会有哪些地方让人感到不安？道格拉斯・诺布尔指出，有一个问题是，从历史上看，教育与先进技术的结合并不是一直“受到真实和迫切的教育需求所驱动”[9]。换言之，军方想要和需要从学习中获得的，不一定是教师和学生们想要和需要的，然而数十年来，军队却一直在塑造着美国的教育以满足其需求。我们从学校对计算机的使用就可以看出这一点，在第二章我们已经看到，第一次世界大战以来的军事研究一直是创新与教育技术应用的首要驱动力。这种军事的烙印，帮助定义了诺布尔所说的在我们的高技术社会中的“教育目标与教育‘产品’”[10]。正如我们所见，这一高技术社会赖以生存的技术，很大一部分都是来自军方的研发。

另一个担忧与诺布尔的观点有关。他认为每一项技术反映的只是“那些有资源、有实力来决定技术样式的组织和机构的特殊目标”[11]。对其中可能存在的问题，普林斯顿大学历史学家保罗・斯塔尔做出了清晰的论述。他指出：对技术架构的选择代表了“技术发展需求掩盖下的另一种形式的政治”[12]。斯塔尔写道：问题也并未到此结束。一项技术一旦被开发出来，那么在其整个生命中表现出的形式和特点，总体上都会反映原本的背景环境。

如果像《美国陆军》这样，把军方的游戏版本用于学校，那么意识形态的影响就会更加简单明了。J. C. 赫茨在《游戏杆国家》写道："所有政治模拟的共性是强调玩家拥有控制权……因为玩家扮演了如此积极的角色，并且系统又是在看似透明的伪机械的方式下运行，因此很容易让人产生这种印象。当然，这种透明性是模拟首要也是最大的错觉。模拟并非中立……每个模拟都有一套根深蒂固的偏见和假设。"[13]

在赫茨看来，玩家与游戏之间的互动关系相当于某种形式的"社会契约"[14]。在这种关系中，只要游戏继续下去，玩家就要接受"设计者的价值观和假设"。这件事本身并不是问题。问题是，大多数玩家并没有认识到这种契约的本质，尤其是当游戏采用很多华而不实的点缀或者"制作豪华"的时候。赫茨写道："正是由于这个原因，在说服人们接受某些类型的政治行为时，模拟的手段才会如此有效。一旦进入游戏，就表示你已经同意让别人来定义参数。"当然，当这一切发生的时候，问题就变成了："是谁定义的参数？是谁创造了这个游戏环境？他们想让你相信什么？"赫茨直言不讳（也是很明智）地提醒我们，"如果想打一场计算机作为媒介的战争，如果想玩这些游戏，那么弄清楚是谁制定的规则，不失为一个好主意"。

我们已经看到，军方是如何在与企业利益基本保持一致的情况下，对教育机构所重视和传授的技能、评估选拔学生的方式以及教学方法和模式，产生影响的。军方现在正在积极努力，招募青少年游戏玩家参军入伍。这就是说，军方－娱乐界复合体的崛起决定了我们应该重视和培养孩子们的哪些技能，决定了我们应该怎样在教育、经济以及其他方面使用这些技能。通过参加大众化娱乐活动，技术熟练的青少年已经掌握了军方认为必须要掌握的那些技能。这一事实突出了军方新的学习手段的重要性，同时也凸显了当代战争、娱乐与教育三者之间的交汇。

回归——战争之外皆模拟

和我交流过的每个军官和文职官员都相信，未来数年，军方对电子游戏的使用只会不断地扩展，而且很可能是呈指数的增长。五角大楼越来越依赖特种作战部队，也越来越强调无人机的攻击以及在线作战，这将进一步加剧这种增长势头。(例如，美国特种作战司令部最近采购了一款名为神经追踪器的虚拟现实系统，训练大脑更好地适应快节奏、无序的场景。[15]) 军方领导认为：美国的未来战争将围绕着所谓的混合场景进行。与发生在阿富汗和伊拉克的情形相近，这些场景将涉及整个频谱的军事行动——就像汤姆·尚卡尔报道的，是从“支持民事政权”行动，到“训练当地安全部队承担反暴乱、反恐突袭和激烈战斗”的任务。[16] 基于虚拟与电子游戏的训练被看作是执行所有这些特定军事行动所必须的条件。

就像“虚拟伊拉克 / 阿富汗”以及 WILL 互动公司开发的各种游戏一样，军方对电子游戏的使用也会继续超出训练领域。例如，海军正在资助一个项目，通过侵入二手电子游戏的控制台，搜集控制台过去的所有者信息（包括聊天室信息），以便在全球范围内追踪潜在的恐怖分子和敌人。(到目前为止，该项目不允许追踪美国公民。) DARPA 和海军也开始把电子游戏用作众包的工具。海军研究办公室的“大型多人在线战争游戏借力与互联网”项目，向在线游戏群体发出挑战，请他们帮助寻找打败索马里海盗的创新性解决方案。DARPA资助了一款名为“扭扭”（*Foldit*）的流行在线电子游戏，通过该游戏，玩家能为严肃的科学研究工作贡献智慧。[17]最近的一个例子是，“扭扭”玩家仅仅用10天时间就破解了猴子艾滋病的蛋白质结构——这一问题已经困扰科学家长达15年之久。“扭扭”的成功经验已经鼓舞DARPA进一步投资数百万美元开发一款新游戏，它将通过众包方式排除程序中的故障。（毕竟，不可靠的软件消耗了大量的国防经费。）

对电子游戏的应用不止于此。陆军做出一个重大的动作，准备为部队所有人都创造虚拟的化身。《国防》杂志报道称：这些虚拟化身“在训练全过程伴随每一位军人，通过模拟的方式，他们可以看到自己掌握的或是缺乏的技巧，在生死攸关的情况下将会发挥怎样的作用”[18]。这些单人化身每周7天、每天24小时都可以随时在线。按照洛克希德·马丁公司的负责工程、全球训练与物流的副总裁切斯特·肯尼迪的说法：“借助虚拟化身技术，我们现在就可以找到经历过某种新威胁的人员，请他为即将进入战场的人员进行实时角色扮演……如果看看训练的连续过程，你就会发现和一两年前相比，现在的（人工智能的）虚拟化身能满足多少种需求，我们一直在不断做出巨大的改进。”

尽管军方在电子游戏领域做了很多工作，展现出很大兴趣，但是它采取的方式最多只能算得上是随机行为。毫无疑问，国防部缺乏一个具有引领性的明确的战略框架，或是一套优先事项方案。在好几个案例中，之所以电子游戏被采用，主要是因为国防部官僚体系或是军种部门中某些特定人员（比如凯西·瓦尔丁斯基）所做的工作。为了把有效数字学习的愿景变为现实，他们凭借自己的意志力或其他能力，绕过了抗拒变化的官僚体制。（在这方面，战场上士兵点对点的技术发挥同样重要。）

当然，战争的很多方面根本无法描绘。有位将军这样对我说，“在真实世界肯定会出现一些你根本无法预测的事情。这些都取决于人的行为，而不是机器的行为”。最近发生在阿富汗的“内部攻击”事件中，阿富汗警察和士兵故意杀死北约盟国的同行，这就是个明证。这些事情再次告诉我们：在解决真实世界的问题方面，技术方案存在着种种局限。

过度依赖技术模式和模拟手段是冷战岁月的一个标志。保罗·爱德华兹写道：当时，美国外交政策已经和“高技术军事战略”[19]不可分割地捆绑在一起。军队内部技术理性的思潮进一步强化了这种关系，新技术被视为攻克最艰难政治和军事困境的良方——这正是导致越战灾难的原因之一。使用电子游戏，就是这种思想的最新表现与实践。冷战期间，军方围绕电子游戏技术的讨论通常集中于人机一体化，以及人机单元在基于系统的军事思维中所占据的中心地位。当讨论走到极端的时候，就逐渐变成了爱德华兹所说的“虚构、幻想和意识形态”，包括通过集中、即时和基于计算机的指挥与控制系统进行战场监督的想法。

在很多方面，军方在电子游戏应用上的演变过程，也是国防部在伊拉克战争与阿富汗战争期间痛苦的学习过程的真实反映。这么说可能有些轻率，但是我发现的情形通常是：士兵们要学习如何与阿富汗的军阀、伊拉克的族长们打交道？给他们一款游戏。士兵们要学习一些基本的阿拉伯语和普什图语交流技能？给他们一款游戏。士兵们要学习在执行护送行动时如何处置简易爆炸装置袭击？给他们一款游戏。数千名老兵患有 PTSD？给他们一款游戏。由于电子游戏的使用，军方貌似已经有效解决了一个实际上需要花费更多注意力和更多资源才能解决的问题。

五角大楼还面临着模拟保真度问题（现实程度）的挑战。以电子战为例，军方希望机载雷达模拟能够展现出较高水平的保真度。在空中飞行时这是有可能的，因为同一时段空中同时运作的平台也许只有 100 个。但是，退役上将保罗·克恩这样告诉我："要是你把雷达放到地面上，数千个平台同时运作，模拟可能就会陷入困境。怎样测量、如何管理，这是我们尚未解决的挑战之一。"一旦我们把后勤列入影响因素之中，后勤方面的数百万零零碎碎的信息会让这一问题更加复杂。从子弹到燃料，再到食物，所有这一切都会对现实的行动产生影响。克恩问道："如果真实程度达不到生死攸关的水平，那么，你怎么能体验到有血有肉之人应有的感受呢？"

经济因素也在其中发挥着作用。虽然智力上对电子游戏应用的支持"巨大"，但是，用陆军国家模拟中心主任安东尼·克罗上校的话说，这种支持并不总能转化为资源。例如，每年划拨给模拟、训练和仪表项目执行办公室（简称 PEO STRI）的资金高达 30 亿美元，但仅有 2000 万美元用于游戏本身（和坦克模拟器等更为基础的建模和模拟相比，对比强烈）。"这太少了，"克罗告诉我，"和其他项目相比，这点预算只能算是毛毛雨。但是数十万的士兵正在使用《虚拟战场 2》进行训练。"（相比之下，一枚战斧导弹的价格就要 100 万美元。2011 年在美国领导的对利比亚的空袭中，最初的 24 小时里至少发射了 110 枚战斧导弹。）

PEO STRI 正在努力适应这一情况。在 PEO STRI 同时监督包括游戏在内的 6 条产品线的富兰克林·埃斯特派利亚特上校，向我简要介绍了机构的运作模式。他说:“对我们而言，这就是重复使用的问题。如果我们买了什么东西，我们会在任何可能的生产线上重复使用。就虚拟训练而言，开销主要花在一开始的时候，完成初期资本投资后，开销就会逐步减少。”由于 PEO STRI 的研发经费有限，需要依靠企业界承担大部分的研发工作。

在未来数年里，需求与经费之间持续的紧张局面，有可能是军方在游戏方面的主要特点，像克罗和埃斯特派利亚特这些人，将不得不继续努力维持两者的平衡。“我们相信用模拟技术可以挽救生命,”埃斯特派利亚特说,“但我们面临的挑战是，必须要不断证明模拟对预算人员也是有利的。必须不断展示模拟训练的有效性，这样才能确保这些项目能存活下去。”

国防部负责训练准备与战略的主任，也是主管训练政策和监督工作的五角大楼高级官员，弗兰克·迪乔瓦尼承认，由于军队正在削减预算，这一问题将继续存在下去。“国防部让我保留同样数量的战备人员，但是给的经费却更少,”他告诉我,“因为我是负责训练的人员，我理所当然会表明这样的观点:如果投资这些技术，那么一定会获得回报的。”

就像和我交流过的很多国防官员一样，迪乔瓦尼认定军方应该学习商业界的发展模式。“在技术运用方面，商业界非常灵活,”他特别指出,“我当然希望国防部的训练部门能够同样灵活。当然，因为存在很多原因，我们没办法做到这一点。但是，一旦涉及软件和硬件，如果不够灵活的话，有时我们就只能看着技术和我们擦肩而过。”

网络战

在军事方面，要说电子游戏及相关技术发挥的重要作用，没有哪个领域比得上网络空间。这种类型的战争在一代人以前尚不存在，但毫无疑问的是，在未来冲突中，网络战对国家将产生广泛而深远的影响，这种影响甚至将超过真实世界中的战斗（网络战至少是未来主要冲突的一个方面）。布鲁金斯学会防务专家彼得·辛格把战争的这一新成分看作是“战场上的劝说”[20]，其目的“不是炸毁敌人的坦克，而是干扰它、收编它、说服它，让它去做其主人不想让它做的事情。这是战争中的新东西”。从这个角度看，美国和以色列针对伊朗核项目所使用的“震网”和火炎电脑病毒之所以引人注意，不仅在于它们造成了实实在在的破坏，也在于它们预示了未来民族国家之间的斗争形式。按照戴维·桑格的报道：震网“似乎是美国第一次反复使用网络武器来瘫痪另一个国家的基础设施，通过电脑代码实现了过去只能靠轰炸一个国家或者派出特工安放炸弹才能实现的目的”[21]。美国明确无误地跨越了这道门槛，从而站在了一个崭新却又充满不确定性的时代开端。

五角大楼已经开始缓慢地自我调整，以便适应不断变化的形势。根据《华盛顿邮报》报道：为提升网络战能力，DARPA 正在把手伸向私人企业、学术界和电子游戏界。在代号为 X 计划的新项目中，目标之一是“创造一个先进的地图，详细（并持续更新）描述整个网络空间”[22]。军事指挥官可以通过电脑代码，精确找到并摧毁敌人的目标。X 计划还寻求“创造一个强大的新的操作系统，不仅能够发动进攻，也能够在对方的反击中生存下来”。与情报部门发动网络进攻不同，军方的攻击将聚焦于“取得物理效果”，比如“关闭或破坏一台电脑”。国家科学院网络专家赫伯特·S. 林指出：“如果他们能做到这一点，那真是了不起……他们正谈论着要像主导传统战场那样，主导数字战场。”

在更宏观的层面上，五角大楼新成立的美国网络司令部负责集中和协调遍布军队的各类网络空间资源。在国家安全局局长基斯·亚历山大上将领导下，网络司令部既要负责保护国防部的信息基础设施，也要负责开发跨军种的新网络战攻防能力。在五角大楼预算全面削减时期，网络安全是为数不多的未来预算真正得到增长的领域之一。一直没有确定答案的是，网络司令部能在何种程度上对敌人的进攻作出反应，它与国家安全局在职责上有哪些重叠或不重叠？

网络司令部的批评者认为，司令部这种权力集中、等级森严的结构，恰恰证明了政治体制战胜了有效政策。网络战的本质是去中心化、扁平式、网络化；因此，认为网络司令部这种组织模式可能是应对网络战最差的一种方式，也合乎情理。五角大楼本可以更加聪明地去利用独立黑客的力量。这些黑客的能力亦常常远远胜过政府雇员的能力。然而到目前为止，奥巴马政府采取的策略恰恰相反：只要有可能，一直在寻求对黑客进行起诉。

每一次技术变化都意味着一个新的战争方式的出现。网络战的崛起让约翰·阿尔奎拉所说的“从闪电战到字节战”的转变骤然而至。约翰·阿尔奎拉是海军研究生院防务研究教授，美国最杰出的网络战专家之一。他坚信，下一世纪冲突的标志将是“虚拟世界对物质世界的影响力越来越大”；反之亦然。问题也将由此而起。阿尔奎拉问，如果网络战本身是一种虚拟现实，“那么它怎样才能对现实世界产生具体的影响呢？用一个蠕虫病毒瘫痪敌人的电力网，是否会被视为战争行为？”同样道理，现实世界的军事战略和战术怎样在虚拟世界中呈现？阿尔奎拉说，虚拟与现实世界之间的“异花授粉”，很可能是未来几十年战争领域最重要的发展。

为应对这一未来，美国空军开始培训军官保卫电子网络，追踪在线黑客，发动网络攻击。2012 年，首批网络武士在空军位于内华达州内利斯空军基地著名的武器学校毕业。武器学校校长罗伯特·加兰上校说：“虽然网络看起来或闻起来不像是战斗机或是轰炸机，但在（当前）可能发生的冲突中发挥的作用都是大同小异……面对企图使用各种方式攻击我们的敌人，我们必须要有制胜能力。”[23]

参加内利斯网络武器教官课程首期课程的几位军官，主要来自圣安东尼奥拉克兰空军基地第 67 网络战联队和第 688 信息战联队。前往武器学校之前，他们要在凯斯勒空军基地接受为期三个月的本科生网络培训，此外还要在佛罗里达赫尔伯特菲尔德基地接受为期两个月的中级网络战培训。一旦抵达内利斯，军官们就要开始为期 6 个月，每天 10～12 小时的让人极度疲惫的课程。

内利斯网络武器课程大纲是基于现实世界情景设计的。“我们会在世界上挑选一个局势越来越紧张、同时对手又不希望美国参与其中的区域，”负责课程的中校说，“然后，我们会扮演虚拟空间战争中电脑的一方，用这个地区的敌人可能采取的手段来挑战学生们。”[24] 例如，为窃取关于未来军事行动的信息，敌人可能会努力渗透进空军的系统之中；也可能向系统中输入损坏的信息，来破坏这些行动。打击的目标范围可能非常广泛：进攻方可以攻击整个指挥系统，也可以是仅仅针对某架飞机。

参加该课程的学员负责针对潜在的入侵行为搭建电子防御体系。内利斯的“进攻者中队”是他们的对手。“空军进攻者扮演攻击我们的黑客，我们要看看制订的防御计划能否管用。”[25]首期8名学员之一的史蒂文·林德奎斯特中校介绍说。同样，学员们也会学习网络进攻能力，比如干扰敌人的空防和海防，就像2007年以色列对叙利亚一座核反应堆发动突袭时的做法。

按照武器学校校长的说法，新网络教学大纲“以网域进攻、利用和防御为基础”。[26]学员们完成课程毕业后，他们将前往网络司令部工作，担任高级军官的指导老师或顾问。包括海军在内的其他军种人员也会加入他们。海军正在全面改革信息控制中心的网络训练，在此每年有将近24000人接受培训。

在某些方面，和血腥的地面战斗相比，网络战的崛起似乎更受欢迎，不过这个选择并不是那么简单。“如果在字节战的世界中，战争并不那么可怕，”约翰·阿奎利亚说，“也许战争就是不可想象的事。”我们看到，在巴基斯坦、也门和索马里，在使用无人机作战的时候，已经出现了这个问题。如果战争中的暴力越来越少，对社会的破坏越来越小，那么人们会不会更倾向于发动战争？“除了战争，一切皆是模拟。”PEO STRI之前的格言这样写道。但是，如果这个等式发生变化，如果战争本身变成了模拟，那么会发生什么呢？我们进入信息时代已经有数十年，但是仍然没能充分领悟，这对美国的战争方式、对全球的战争方式，到底意味着什么。

我们也没有全面准备好面对这样的事实：美国对虚拟武器和电子游戏的创新使用并无垄断权。包括中国、韩国和英国在内的很多国家，近年来一直在追随着五角大楼的脚步，创建了各自的网络司令部。

注 释

1. Welburn, “Upcoming Events.”
2. Ibid.
3. National Association of State Boards of Education, “Announcement,” 2008-8-25. www.nasbe.org/index.php/upcomingevents/details/29-us-army.
4. White House, “Educate to Innovate,” www.whitehouse.gov/issues/education/k-12/educate-innovate.
5. Burke and McNeill, “ ‘Educate to Innovate.’ ”
6. stemchallenge.org.
7. Corbett, “Learning by Playing.”
8. Quoted in Silberman, “War Room.”
9. Noble, *Classroom Arsenal*, 1.
10. Ibid., 6–7.
11. Ibid., 4.
12. Starr, “Seductions of Sim.”
13. Herz, *Joystick Nation*, 223.
14. Ibid.
15. Drummond, “Commandos Now Play Digital Brain Games.”
16. Shanker, “Army Will Reshape Training.”
17. Lim, “Agencies Get Down to Business.”
18. Beidel, “Avatars Invade Military Training Systems.”
19. Edwards, *Closed World*, 7–8, 15.
20. Quoted in Peck, “Since When Does Brookings Make Video Games?”
21. Sanger, “Obama Order.”
22. Nakashima, “With Plan X.”
23. Quoted in Barnes, “Pentagon Digs in on Cyberwar Front.”
24. Quoted in Toplikar, “Teaching the Shadowy Art of Cyber War.”
25. Quoted in Barnes, “Pentagon Digs in on Cyberwar Front.”
26. Ibid.

致　谢

由衷感谢我的经纪人兼好友 E.J. 麦卡锡。在我第一封问询邮件发出后不到三分钟，他就回复了我。从此之后，麦卡锡一直为我提供源源不断的智慧、支持、启迪、好心情和全方位的正能量。

我要对埃蒙·多兰大声地说“谢谢你”，感谢这位杰出编辑愿意为我这样一个完全陌生的作家冒险，感谢他绝妙的想法和组织。他总能提出最富有挑战但也是最有必要的问题，并在我一再试图写一本不同于最初想法的书时展现出耐心。我还要感谢他工作上的严格、投入、随时给予我帮助，我原本以为这样的编辑世间已经不再有。由你出版本书，是我的荣幸。

感谢特雷西·沃尔什无可挑剔的研究与誊写本领。特雷西提供了关于 VBS2、“虚拟伊拉克 / 阿富汗”、《美国陆军：真正的士兵》素材手稿，以及很多其他素材。特雷西即将开启作家兼学者的漫长而杰出的职业生涯。

我要特别感谢凯西·瓦尔丁斯基在其职责范围之外的帮助。感谢多位军方和地方的官员，感谢他们在我撰写此书期间与我交流，感谢他们的个人助理和副官安排这些会面活动。

尤其要感谢伯鲁克学院的谢里尔·史密斯，弗兰克·乔菲，雪莱·埃弗斯利，肖恩·奥图尔，吉娜·帕玛，克洛迪·沙利耶以及教职员工会－纽约州立大学基金会。也要感谢我优秀的学生们。他们的才智、好奇心以及幽默感，无时无刻不带给我惊喜。

感谢纽约州立大学的作文和修辞小组，特别是埃米·万，蒂姆·麦科马克，马克·麦克白，利·琼斯，埃丽卡·考夫曼。感谢研究生中心桑德拉·佩尔以及艾拉·肖尔的支持。

感谢麦迪逊的韦恩·奥，斯科特·巴尼特，迈克·伯纳德－多纳尔斯，罗斯·柯林，爱丽斯·德尔，拉莎·迪亚布，斯蒂凡妮·菲奥雷利，玛丽·菲奥伦扎，戴维·弗莱明，梅拉妮·霍夫提泽尔，布拉德·休斯，里克·亨特，亚当·克勒，安妮·马莎－麦克劳德，康斯坦斯·斯坦库勒，安妮特·韦和凯特·维埃拉。对那些可能没有提到的人员，我表示衷心的歉意。

黛博拉·勃兰特是一位理想的顾问。她的建议、批评与支持（更不要说她自己的工作），展示出无与伦比的严密、深度和质量。对她给予我的杰出咨询与协助，无论怎么感谢都不为过。

感谢斯科特·阿德金斯和布鲁克林作家空间为我提供理想的写作氛围和环境。

真正的密友：卡拉·帕齐，亚历克斯·派尔斯，杰西·塞尔戴西，马特·翁德利，鲍勃·沃迪奇。以及我所有在布鲁克林和其他地方的好朋友。

我有世界上最好的父母、兄长、嫂子、侄女、堂兄、叔叔和婶婶，我爱他们，感谢他们为我所做的一切。

劳拉，我无法用言语来描绘你的爱与支持对我的意义。拥有你和凯莱布是我最幸运的事，我愿今生与你们一同度过。你们，是我创作这本书的首要原因。

图书在版编目（CIP）数据

战争游戏：电子游戏与武装冲突的未来 / (美) 科里·米德 (Corey Mead) 著；刘四龙译. -- 北京：民主与建设出版社, 2020.6（2021.10重印）
书名原文: War Play：Video Games and the Future of Armed Conflict
ISBN 978-7-5139-2927-1

Ⅰ. ①战… Ⅱ. ①科… ②刘… Ⅲ. ①电子游戏—应用—军事训练—研究—美国 Ⅳ. ①E712.3

中国版本图书馆CIP数据核字(2020)第035860号

版权登记号：01-2020-3385

战争游戏：电子游戏与武装冲突的未来
Zhanzheng Youxi : Dianzi Youxi yu Wuzhuang Chongtu de Weilai

著　　者　[美] 科里·米德 (Corey Mead)
译　　者　刘四龙
选题策划　后浪出版公司
出版统筹　吴兴元
编辑统筹　郝明慧
责任编辑　王　颂
特约编辑　沈诗贝
封面设计　墨白空间·黄海
出版发行　民主与建设出版社有限责任公司
电　　话　（010）59417747　59419778
社　　址　北京市海淀区西三环中路 10 号望海楼 E 座 7 层
邮　　编　100142
印　　刷　天津创先河普业印刷有限公司
版　　次　2020 年 8 月第 1 版
印　　次　2021 年 10 月第 2 次印刷
开　　本　889 毫米 × 1194 毫米　1/32
印　　张　6.375
字　　数　137 千字
书　　号　ISBN 978-7-5139-2927-1
定　　价　39.80 元